JUN 2015

FICCIONES CRIMINALES

Estampas de la crisis
(2008-2014)

Ficciones criminales: Estampas de la crisis (2008-2014)
Primera Edición
© Jorge Volpi, 2014
© Sobre esta edición: La Pereza Ediciones, Corp
Editor: Greity González Rivera
Diseño de cubierta: Eric Silva Blay

Impreso en Estados Unidos de América

ISBN-13: 978-0692281673 (La Pereza Ediciones)

ISBN-10: 0692281673

Para más infomación:

www.laperezaediciones.com
10909 sw 134 ct
Miami, Fl, 33186
USA

FICCIONES CRIMINALES

Estampas de la crisis
(2008-2014)

Jorge Volpi

La Pereza Ediciones

ÍNDICE

I. Virus

En la mente del terrorista

¿Podemos imaginarlo allí, detrás de esas gruesas paredes, día y noche frente a la computadora y un rústico televisor? ¿Cinco años sin salir a la calle, sin ser consultado o venerado, cada vez más viejo y achacoso, la barba rala, las ojeras negrísimas, las severas arrugas en la frente? Cuando sus perseguidores se propusieron explicar su rutina, sugirieron que su existencia debió estar marcada por el hastío. ¿Puede aburrirse un terrorista?

Durante un decenio, no sólo fue el delincuente más buscado de todos los tiempos —en la retórica de western de sus enemigos—, sino que se convirtió en emblema absoluto del mal, el demonio en la Tierra. Como antes a Hitler, a Osama Bin Laden se le ha negado cualquier sombra de humanidad. Así ha ocurrido desde la prehistoria: impensable que un rival tan feroz y escurridizo sea idéntico a nosotros. Como si al demonizar sus actos nos resultasen, si no menos atroces, tal vez más tolerables.

¿Resulta imposible —o deleznable— colocarse por unos segundos en el cuerpo y en la mente del líder de Al Qaeda? Devolverle su condición humana a un criminal no equivale a justificarlo. Recuerdo la estéril polémica en torno a la película alemana La caída: a muchos les pareció intolerable que el Führer acariciase el lomo de sus perros o le sonriese a su secretaria, convencidos de que semejantes resabios de bondad eran incompatibles con el monstruo que ordenó la muerte de millones.

Pero Hitler o Bin Laden eran tan humanos como nosotros: justo ello los vuelve tan terribles. Que a ratos hubiesen sido afables o cariñosos (o se hubiesen entretenido con un *talk show* paquistaní) no les resta perversidad. Al contrario: atrevernos a mirarlos de cerca, a rastrear sus flaquezas o dobleces, nos previene contra ese mal que está al alcance de cualquiera. Ambos estaban poseídos, sí, pero no por una perversidad ultraterrena, sino por algo más ponzoñoso: sus ideas. Como si un virus invisible —el racismo, la fe en un dios cruel, el paraíso a cualquier costo— hubiese carcomido sus cerebros.

Pese a las declaraciones de Barack Obama, la misión de los Navy Seals no contemplaba capturar a Bin Laden con vida: en el confuso relato de su muerte, los estadounidenses, siempre cándidos, confesaron que el líder islamista no portaba armas. Los intentos por dibujarlo no sólo siniestro, sino vil —la versión según la cual se escudó detrás de alguna esposa—, fueron pronto desmentidos. ¿Y entonces? Resultaba mejor muerto que vivo. Y su cuerpo arrojado al mar casi en secreto no cae en el terreno de la justicia moderna, sino en el del exorcismo medieval: de Satanás no ha de conservarse ni un vestigio.

La imaginación bélica de Occidente se inicia con la ira de Aquiles ante la muerte de Patroclo: furibundo, éste persigue a Héctor hasta cobrarse su vida y arrastra su cadáver por la arena sin darle sepultura. La administración Obama quiso lo contrario: antes de arrojar el cadáver de Bin Laden al océano —a la nada—, recibió las exequias dictadas por la tradición islámica. Burda maniobra: se le asesina a mansalva pero, eso sí, respetando sus creencias funerarias. La decisión de no mostrar la fotografía de su rostro —el hueco en medio de su rostro— obedece a un atavismo paralelo: de haber podido, habrían proscrito hasta su nombre.

En 1945, los aliados no dudaron en enjuiciar a los jerarcas nazis: se sabían dueños de la legalidad y querían demostrar su superioridad ética. La jugada no salió demasiado bien en términos mediáticos (los únicos que ahora cuentan): Göring se suicidó antes de ser ahorcado. Ahora ni siquiera se barajó esta posibilidad. Enjuiciar a Bin Laden hubiese representado un quebradero de cabeza, pero ello sólo prueba cómo se ha degradado nuestra idea de la justicia desde entonces. Uno comprende que las masas celebren la ejecución del terrorista; no que jefes de Estado y el secretario general de la ONU los imiten.

Introducirse en la mente de un terrorista no es sencillo: un novelista tan dotado como John Updike lo intentó con resultados lamentables. Imaginar el interior de Bin Laden es aún más arriesgado. Y, sin embargo, necesario para estudiar las raíces del fanatismo. Durante los años que vivió en Abbottabad, el fundador de Al Qaeda quizás no se aburría. Quizás le bastaba recordar el derrumbe de las Torres para sentirse confortado. O quizás tenía miedo. Un miedo adelgazado por la rutina. Imagino que, cuando escuchó los gritos de su esposa, no debió sorprenderse demasiado. Imposible verlo arrepentido. Falta mucho para comprenderlo —y atisbar las razones de su furia—, pero debemos esforzarnos. Sólo así estaremos más cerca de impedir que su ejemplo se propague.

Anatomía de la indignación

Crear es resistir,
resistir es crear.
Stéphan Hessel, *Indignez-vous!*

Camino en la acampada de la Puerta del Sol, en Madrid, con una sensación de entusiasmo y desasosiego. Las consignas ingeniosas o satíricas de los jóvenes me hacen recordar la toma del Paseo de la Reforma en 2006, los mítines cardenistas en el Zócalo en 1988 y, mucho más atrás, las manifestaciones de 1968. Para los mayores, quizás ésta es la emoción que prevalece ante los indignados: la nostalgia. Una aciaga melancolía por esa época en que la protesta aún parecía capaz de estremecer al mundo.

Al leer sus peticiones resulta imposible no coincidir con ellos: aquí y allá, la misma impresión de haber sido abandonados por los políticos profesionales, de vivir en una democracia artificial que no se preocupa por sus ciudadanos más necesitados, de haber sido esquilmados por el *establishment* empresarial, de vivir en el reino de la impunidad. El diagnóstico es acertado. Pero, al contemplar a estos jóvenes que elaboran pancartas en ajados trozos de cartón al tiempo que cientos de turistas y paseantes los escudriñan luego de realizar sus compras en El Corte Inglés o la Fnac de Preciados, resulta difícil no preguntarse cuál puede ser el efecto real de su indignación en nuestras apacibles democracias posmodernas.

Los poderes fácticos de la "sociedad posindustrial" aprendieron la lección del 68: la peor forma de combatir una rebelión es reprimiéndola. En esos años se repitió una y otra vez la misma fórmula: a una pequeña protesta le seguía un despliegue de brutalidad policíaca, que generaba una protesta mayor, y así hasta que una de las partes se agotaba... o, en casos como el mexicano, hasta que una matanza cercenaba la revuelta. Esta vieja espiral se ha replicado ahora en las naciones árabes, regidas por sátrapas que no desempolvaron sus manuales de Historia: de allí que la revuelta creciera con tanta rapidez y lograra derrocarlos. Salvo excepciones como Barcelona, en nuestros países los gobernantes han aprendido a respetar a los manifestantes: al permitirles desplegar su indignación de forma pacífica, esperan arrebatarles su peligrosidad apostando a su desgaste.

La conclusión resulta desesperanzadora: sin represión, las protestas terminan condenadas, más que al fracaso, a la ineficacia. La acampada de Sol se convierte, así, en síntoma de todo lo que está mal en nuestro sistema y de la imposibilidad de reformarlo desde dentro: un parque temático de la contracultura, tan sorpresivo o incómodo como un mercadillo ambulante que, al menos hasta ahora, apenas conmueve a esos sectores de la sociedad que los contemplan más como un problema que como una solución (y que han votado por el PP).

Sin duda, lo más admirable de los indignados es su sensatez: no exigen lo imposible —como en 1968—, sino objetivos que cualquier persona razonable suscribiría: justicia, equidad, transparencia. Otro rasgo notable: su decisión de ya no dejarse chantajear por la izquierda institucional. Si han decidido no votar por el PSOE, es porque en efecto lo identifican con el PP (al menos en términos económicos). Saben que esta decisión beneficiará a sus adversarios, pero prefieren poner en evidencia un partido que los ha abandonado en aras de un plan de ajuste financiero propio de la derecha. Se les puede criticar de severos, pero no de ingenuos.

El dilema es claro: ¿cómo lograr que una democracia liberal escuche a quienes no confían en ella? La respuesta, antes, era obvia: a través de una revolución violenta. Si se descarta ésta, sólo queda la resistencia civil. Que la propia izquierda institucional no ha tardado en desestimar como un inconveniente menor. La acampada Sol muestra esta íntima fractura del sistema: sólo si ésta pudiese rebasar el ámbito de dos o tres calles o plazas, expandiéndose por el resto de la sociedad, podría animar una auténtica transformación. Pero las condiciones para que esto ocurra parecen tan lejanas como la revolución mundial preconizada por el comunismo.

Tras decenas de experimentos infructuosos, hemos llegado a creer que la democracia liberal es el menos perverso de los sistemas políticos. Más allá de sus defectos, garantiza ciertos derechos esenciales. Pero tiene un serio inconveniente: sólo admite ser reformada desde dentro (o destruida desde fuera). Es legítimo indignarse y plantarse en una plaza, pero un cambio de paradigma sólo sobrevendrá cuando los miembros de esa generación justamente indignada sean escuchados por quienes estén dispuestos a articular un nuevo partido ("ciudadano") o a apoderarse de uno más o menos afín —el PSOE, digamos—, para obligarlo a ser, de nuevo, un instrumento capaz de combatir por la justicia, la transparencia y la equidad que los indignados del Sol al menos se han atrevido a bosquejar.

Los herederos de Cervantes

Aunque la reja está cerrada, en el interior del sitio histórico un grupo de jóvenes —la media de edad en Argelia es de 27 años— juega fútbol alegremente. Los imito y también salto. La inscripción en el ajado monumento cuenta que, en esta cueva que entonces no se hallaba en un suburbio de la capital, Miguel de Cervantes se ocultó durante su segundo intento de evasión tras ser atrapado por corsarios turcos en 1575, cuando viajaba de regreso a España. La gruta, salpicada por la jubilosa indiferencia de estos muchachos, quizás sirva como metáfora de los desencuentros que aún persisten entre las dos orillas del Mediterráneo. Cuatro siglos después, los países del norte continúan admirándose en el espejo del escritor español como guardianes únicos de la libertad y aún contemplan a los árabes como una amenaza o como las apocadas víctimas de sus tiranos, aunque es probable que en nuestros días estas posiciones se hayan invertido. A los europeos les ha costado un enorme esfuerzo constatar que, como Cervantes, estos jóvenes también han intentado escapar reiteradamente del sometimiento y en su mayoría han decidido enfrentarse al islamismo y otras formas de opresión. Desde principios del siglo XIX, cuando se inició la decadencia del Imperio Otomano, los occidentales —detesto esta equívoca palabra— nunca han dejado de subestimar a los árabes, y su política frente a ellos continúa marcada por un racismo apenas disimulado.

Las revueltas en Túnez y Egipto, que detonaron las de Libia, Siria y otros países —Yemen o Bahréin constituyen casos aparte— fueron para ellos una sorpresa idéntica a la que sacudió el Este de Europa a fines de los ochenta: movimientos internos de rebeldía frente a regímenes brutales y corruptos, en este caso sostenidos con el dinero de Occidente. Y las contradicciones y riesgos que enfrentan sus nuevos regímenes tendrían que ser vistos como el laboratorio donde se juega el futuro de la democracia en todo el orbe.

Argelia luce como excepción: a diferencia de sus vecinos, Marruecos incluido, aquí la primavera árabe pareció desvanecerse de inmediato. Sin embargo, el motivo no es la indiferencia o el conformismo, sino la memoria del "decenio negro" de 1991-2002 que se cobró unas 150 mil vidas. De algún modo, Argelia experimentó con diez años de antelación el despertar cívico que hoy admiramos en otras partes, y pagó por ello un altísimo costo.

Tras el desmantelamiento del socialismo real, en 1991 Argelia se abrió por primera vez a la democracia: se formaron decenas de pequeños partidos pero fueron los islamistas del FIS —la única fuerza organizada— quienes lograron la victoria ante la miope complacencia de Occidente. El FIS jamás ocultó su objetivo: dar paso a una república islámica basada en la sharía. Los militares impulsaron entonces un golpe de estado y encarcelaron a sus miembros, quienes a su vez formaron grupos terroristas que atentaron contra la población civil y arrasaron pueblos completos si se oponían a sus dogmas. No fue sino hasta la elección de Abdelaziz Buteflika, en 1999, que la situación comenzó a normalizarse gracias a una amnistía general. (Desde entonces ha modificado la Constitución para mantenerse en el poder como tantos caudillos).

El caso argelino debería servir como modelo para Egipto, Túnez y eventualmente, Libia o Siria: por un lado, es tiempo de echar para siempre a los sátrapas que, con la excusa de frenar a los islamistas, se convirtieron en dueños de sus países con el beneplácito occidental. Por el otro, no es posible dejar de plantearse, ante una tragedia como la argelina, de qué manera la democracia puede —o debe— cerrar sus puertas a quienes pretenden destruirla desde dentro. En la respuesta a esta pregunta se juega la estabilidad de la región y acaso del mundo. Los jóvenes que se han levantado en la rotonda de Al-Tahrir en El Cairo o en las calles de Túnez, Daraa o Bengasi, miembros de la misma generación que los improvisados jugadores de fútbol en la gruta de Cervantes, son los auténticos herederos del novelista: contra toda expectativa, se arriesgaron a expulsar a los tiranos que los esclavizaron por decenios. Los grandes ideales de la Ilustración se encuentran ahora entre ellos, mientras Europa y Estados Unidos se encierran cada vez más en sus crisis internas, se parapetan en la xenofobia o el racismo y protegen al régimen más autoritario y virulento de la zona: Arabia Saudí y sus wahabitas.

Occidente no puede permitirse el lujo de abandonar a estos muchachos como hizo con Argelia en 1991: el encanto de los islamistas aún es poderoso y nada indica que no vayan a aprovechar este nuevo destello de libertad para recuperarse. Cervantes no sólo fue libre por sus reiterados intentos de fuga de los baños de Argel, sino por la imaginación que años después lo llevó a crear a Don Quijote: la misma imaginación que se requiere para discutir, en este verano árabe, cómo la democracia puede eludir a los corsarios que aún intentan secuestrarla.

El abismo español

Tras semanas de impaciencia, el gobierno aprovecha el mes de agosto para desalojar a los revoltosos que quedan en la plaza: la medida no hace sino indignar más a los indignados que, entre chorros de agua y gases lacrimógenos, son obligados a replegarse. El mismo día, la prensa anuncia que el riesgo de que el país no pueda pagar su deuda ha rebasado su máximo histórico. Las cifras de desempleo no mejoran: cerca de 5 millones de parados; y las perspectivas de crecimiento, en cambio, se estancan en un 0.6 % anual. Para terminar, el presidente del gobierno ha anunciado un adelanto electoral como última muestra de su incapacidad para atajar la crisis.

Este escenario no pertenece a un país del viejo tercer mundo, sino a España, una nación que desde 1975 no había hecho sino crecer hasta convertirse en un modelo de desarrollo. Por primera vez desde los años cincuenta, la península ibérica ofrece —al menos en términos estadísticos— un panorama más desalentador que sus antiguas colonias.

En 1997, poco después de que yo llegase a vivir en España por primera vez, José María Aznar proclamó con una sonrisa: "España va bien". En efecto, el país no sólo se había integrado a la Unión Europea, sino que la consolidación de sus infraestructuras, la expansión de sus empresas y su nivel de bienestar la convertían en un destino privilegiado tanto para los inversores como para los inmigrantes que arribaban en masa para satisfacer la demanda de su floreciente industria de la construcción.

Mi recuerdo de aquellos años es el de una Jauja donde, como exclamó cínicamente el presidente mexicano José López Portillo, la única obligación era "administrar la riqueza". Al calor de una nueva permisividad y de la feroz competencia entre las comunidades autónomas, por doquier brotaban museos, salas de conciertos e infinitos conjuntos habitacionales que, como una plaga de cemento, colonizaron toda la península.

Este éxito provocó el renacimiento de la antigua arrogancia ibérica: tras el derrumbe de las torres gemelas, Aznar se empeñó en presentar a España como nueva potencia mundial y, al lado de George W. Bush, anunció la invasión a Irak desde las Azores. Semejante hubris encontró su respuesta en los atentados del 11 de marzo de 2004: apresuradamente, el gobierno del Partido Popular intentó culpar a ETA y, al ser descubierta su mentira, los ciudadanos decidieron conceder la victoria a los socialistas, encabezados por el joven e inexperto José Luis Rodríguez Zapatero (ZP).

Aunque este acontecimiento alentó a una nueva camada de dirigentes, también marcó el inicio de la actual crisis. Porque, si bien en su primera legislatura ZP aprobó leyes como la del matrimonio homosexual o allanó el camino para la derrota definitiva de ETA, no fue capaz de ver —y menos de reventar— la gigantesca burbuja que se ocultaba detrás de tantos logros.

Los españoles, tan propensos a la crispación —un viejo chiste dice que aquí sólo sigue habiendo católicos y comunistas—, no se cansan de culpar de todos sus males a un presidente o a otro: lo cierto es que ambos, por motivos concomitantes de rencor histórico, tienen responsabilidad en la debacle. Sin duda la recesión es un fenómeno global —y un político, por malo que sea, no pudo ocasionar solo esta catástrofe—, pero la desregulación y el liberalismo salvaje de Aznar, sumados al populismo y la impericia de ZP, confluyeron para dar lugar a este "abismo perfecto".

Para un mexicano acostumbrado a la hipocresía y los dobleces, la sinceridad de los españoles resulta a la vez chocante y admirable. Así, del mismo modo que los ciudadanos no perdonaron a Aznar por su engaño sobre el 11-M, ahora no olvidan que ZP haya minimizado la crisis. En estas semanas no he encontrado a nadie, de izquierda o de derecha, que no juzgue negativamente su actuación. El resultado: Mariano Rajoy, el flemático líder del Partido Popular, muy probablemente vencerá al nuevo candidato socialista, el astuto Alfredo Pérez Rubalcaba, en las elecciones de noviembre.

ZP, entretanto, se ha convertido en la trágica metáfora de la socialdemocracia europea. Nadie podría negar su progresismo —que generó sus mayores logros, hoy un tanto olvidados—, pero al afrontar la crisis no hizo sino plegarse a las estrategias dictadas desde los centros del poder económico. Atado de manos, recortó el estado de bienestar como lo hubiese hecho cualquiera de sus adversarios. La enseñanza es clara: no hay nada peor que un político de izquierda aplicando recetas económicas de la derecha.

Ahogada por su propia burbuja inmobiliaria, atrapada entre los espinosos mecanismos de la Unión Europea y sofocada por las amenazas de las instituciones crediticias y los mercados, España no ha logrado separarse de los PIIGS (Portugal, Italy, Ireland, Greece, Spain), el mote despectivo aplicado a las economías periféricas de Europa. ¿Qué destino le aguarda en manos de Rajoy? Si las perspectivas mundiales no mejoran, probablemente más recortes sociales y austeridad en el gasto, aunque ZP ya hizo la mayor parte del trabajo sucio. Por desgracia, pasará un buen tiempo antes de que un político pueda volver a decir: "España va bien".

La última apuesta de Abbas

Mahmud Abbas, a quienes sus partidarios llaman Abu-Mazen ("el padre de Mazen", por uno de sus hijos que falleció de un ataque cardíaco), posee la apariencia de un profesor jubilado —el cabello cano, los lentes gruesos, el porte alicaído— pese a la energía que se desprende de su mirada y el leve sarcasmo de su sonrisa. Con sus trajes perfectamente cortados y su estilo impasible ofrece un contraste absoluto con su legendario compañero de batallas, Yasser Arafat, a quien sucedió como presidente de la Autoridad Palestina en 2005.

Pese a su pasado radical —su tesis de grado en el Instituto de Estudios Orientales de la Academia Soviética de Ciencias se tituló El otro lado: la relación secreta entre el nazismo y el sionismo 1933-1945—, su nombramiento recibió el beneplácito de Estados Unidos e incluso de Israel: entonces se le veía como un líder endeble y moderado al cual era posible apaciguar. En efecto, Abbas no dudó en condenar la violencia y llamó al fin de la Segunda Intifada. Su disposición al diálogo provocó el rechazo de grupos radicales, en especial de Hamás, quienes no han dudado en boicotear todas de sus iniciativas.

Pese a ello, Abbas jamás ha dejado de sentarse en la mesa de negociación y, pese al acoso que sufre su gobierno, nunca ha dejado de condenar los ataques lanzados contra Israel desde suelo palestino. Aun así, los acuerdos no han avanzado un ápice, debido entre otras cosas a la repentina muerte cerebral de Ariel Sharon y a la incorporación de la extrema derecha al gobierno de Benjamin Netanyahu. Pese a las advertencias de Barack Obama y otros líderes, éste no ha querido detener la construcción de nuevas colonias judías en Cisjordania, uno de los pasos indispensables para avanzar en el proceso de paz.

Acorralado entre Israel y Hamás, y a punto de dejar el poder a los 76 años —es presidente en funciones—, Abbas estaba a punto de convertirse en un cadáver político. De pronto, las revueltas en el norte de África trastocaron drásticamente la percepción de los pueblos árabes en el resto del mundo: en vez de dóciles rehenes de sus tiranos o carne de cañón de los islamistas, los jóvenes de Túnez, Egipto o Libia demostraron una envidiable vitalidad democrática. Y, si bien aún no es posible aquilatar el resultado final de la primavera árabe —que en realidad incluye ya al verano—, ya no resulta tan fácil invocar el peligro terrorista o el fanatismo musulmán para excusar a Israel por la represión que ejerce en los territorios ocupados.

Hasta hace poco, Israel lucía como la única democracia en Medio Oriente —una democracia peculiar, reservada en plenitud sólo a los ciudadanos judíos—, pero ahora se halla rodeada por estados que, al menos hasta el momento, buscan implantar regímenes más libres e incluyentes. Abbas ha sabido leer este cambio de ambiente y, decidido a escapar del fracaso y la ignominia, se lanzó a buscar el reconocimiento de Palestina como un estado de pleno derecho en Naciones Unidas sin tomar en cuenta la oposición israelí.

Su gesto, que ha recibido la simpatía de unas más de un centenar de países, ha sido bruscamente desestimado por Estados Unidos, que ya ha hecho público su eventual veto en el Consejo de Seguridad. Consciente de ello, Abbas no ha querido abortar su iniciativa en una muestra de tozudez que acaso sea la prueba de que a veces sólo las iniciativas arriesgadas (como la decisión de Sharon de evacuar Gaza) pueden remover la parálisis política de la zona.

Israel no quiere que Palestina se convierta en estado de pleno derecho, y ni siquiera en estado observador ante la ONU, pues ello lo obligaría a cumplir las leyes internacionales de guerra, y sus soldados —y políticos— podrían verse acusados ante el Tribunal de La Haya. La posición de Obama es más compleja: su veto lo llevaría a alienarse de los pueblos árabes que ha apoyado durante las revueltas, pero, a unos meses de su posible reelección, no puede perder el apoyo de la comunidad judía. De allí el galimatías que lo ha llevado a afirmar, en su triste discurso ante la ONU, que la elección de Palestina como estado no es un buen paso para lograr que Palestina se convierta en un estado. Abbas ha sabido mover sus fichas: aunque a la larga sólo se reconozca a Palestina como estado observador, gracias al apoyo mayoritario con que cuenta en la Asamblea General de Naciones Unidas, ha conseguido que la opinión pública global esté de su lado. Su apuesta por la vía pacífica y multilateral, ha puesto a Estados Unidos contra las cuerdas y ha exhibido la división que impera en la política exterior de la Unión Europea. En este contexto, sería una vergüenza que México, cada vez más dócil ante las imposiciones estadounidenses, terminase por abstenerse en la votación.

Israel tendrá que acostumbrarse a este cambio de paradigma: a partir de ahora tendrá que negociar con un estado que, al menos en el ámbito de la legalidad internacional —pues en términos económicos y militares aún mantiene el control sobre sus adversarios— se encuentra en condiciones de igualdad. Pese a la agresividad retórica de Netanyahu, a la larga no le quedará más remedio que barajar las concesiones que tendrá que realizar para que sus tropas —o él mismo— no terminen indiciados en La Haya. Más allá del resultado final de su apuesta, por una ocasión —acaso la última—, el profesor Abbas ha ganado la partida.

¿Alguien nos representa?

Aquí y allá, las mismas miradas, el mismo estilo, la misma energía. Nacidos entre 1985 y 1995, estos jóvenes no son nativos digitales, pero Internet se ha convertido en su patria y las redes sociales en su zona de encuentro. Como sus predecesores de 1848 o 1968, su enfrentamiento con el *establishment* es sobre todo emocional, pero la palabra "revolución" ha desaparecido de su vocabulario. Son rebeldes tranquilos, más preocupados por sacudir conciencias que por transformar a la sociedad por medios violentos.

Sus críticos dicen que nada los acerca, fuera de su pasión tecnológica; mientras unos se congregaron para protestar contra regímenes dictatoriales (de Túnez a El Cairo), otros lo hicieron para oponerse a los recortes al estado de bienestar (de Madrid a Bruselas), y otros más para revelarse contra los poderes financieros globales (de Tel Aviv a Nueva York). Aun así, comparten el mismo espíritu: un brutal desencanto frente al sistema implantado en el mundo tras el derrumbe de la Unión Soviética en 1991.

Cuando el espacio comunista hizo implosión, los vencedores trataron de convencernos de que la Historia había terminado. Pero, derrotado el enemigo, a las democracias liberales ya no les pareció tan urgente demostrar sus conquistas sociales. Si el libre mercado había probado su eficacia, había que volverlo aún más libre, relajando al máximo la regulación de las instituciones financieras. La solidaridad dejó de ser un valor encomiable y el individualismo pasó a ser la postura ética dominante. Tras el 11-S, la Historia se reanudó, pero sólo para combatir a un nuevo enemigo, el terrorismo islamista. Y, mientras Occidente se empantanaba en una costosísima guerra en Medio Oriente, sus basamentos morales, políticos y económicos se volvían irreconocibles.

Los gobiernos democráticos habían prosperado por su capacidad para representar a los sectores sociales más diversos, pero esta virtud empezó a deslavarse. En todas partes, dos o tres grandes partidos se repartieron el poder, indiferentes a los deseos ciudadanos. Una vez elegidos, los políticos no dudaban en volverle la cara a sus electores: la oposición y el gobierno se volvieron casi intercambiables, toscamente imbricados entre sí, hasta conformar una clase política que recuerda a la antigua nomenklatura comunista.

Durante una década, este modelo sobrevivió gracias a las tácticas del miedo expandidas por Bush y a la burbuja económica que permitió recompensar incluso a los sectores más críticos. Pero un buen día, el capitalismo no toleró más sus contradicciones —el imperio de la avaricia, la cultura del riesgo y la falta de representación—, y comenzó su propia implosión, análoga a la sufrida por la URSS. En 2008, reventó la burbuja inmobiliaria, cayó Lehman Brothers, y Estados Unidos y otras naciones decidieron rescatar a sus bancos (y a sus banqueros).

Las élites surgidas durante los años de prosperidad han demostrado su torpeza a la hora de enfrentar la crisis. Por un lado, contamos con una inamovible burocracia económica que solo se preocupa por el déficit, descuidando las políticas de recuperación y de empleo —el "pleno empleo" soñado por Keynes— y, por el otro, con una clase política carente de representatividad, dominada por los partidos y sus intereses. Lo raro es que los movimientos de protesta hayan tardado tanto en reaparecer. Aquí y allá la queja es idéntica: contra políticos (demócratas o republicanos; socialistas o populares; priistas, panistas o perredistas) que no escuchan a sus ciudadanos; contra gobiernos impopulares (Obama y su tibieza frente al poder financiero; Zapatero y sus recortes; Calderón y su guerra contra el narco) y contra una oposición que genera la misma desconfianza (la teocracia del Tea Party, el conservadurismo de Rajoy, la corrupción del PRI).

Gracias a las redes sociales, el descontento ha viajado de un extremo a otro del planeta. La primavera árabe se transformó en el 15-M español, que a su vez fue copiado por los indignados de Israel y Occupy Wall Street. Grupos pequeños pero bien organizados. ¿Cuál será la consecuencia de su aparición? Probablemente, no alterarán los resultados de las elecciones que se llevarán a cabo en varios países (España, Francia, México, Estados Unidos) pero, si se mantienen y proliferan, podrían contribuir a algo más importante: la derrota definitiva de la ideología neoliberal vigente en el mundo desde 1991. Es decir: podrían reimplantar el virus de la autocrítica en nuestras alicaídas democracias liberales para obligarlas a recuperar el espíritu social y representativo que las distinguió en otro tiempo.

Pese a la catástrofe que vive, México apenas ha sido contagiado por las protestas. El movimiento encabezado por Javier Sicilia fue, acaso, una primera llama. Pero las perspectivas electorales del año próximo son un excelente caldo de cultivo. Su eclosión tal vez podría modificar nuestro anquilosado panorama político, dividido entre los panistas que se empeñan en defender la guerra de Calderón y los priistas que aspiran a recuperar el poder sólo ante el desgaste del PAN, con una izquierda incapaz de servir como fiel de la balanza. La gran pregunta es: ¿en verdad serán estos partidos quienes habrán de representarnos? Esperemos que el espíritu de estos jóvenes permanezca en nuestras calles y logre asentar una idea tan simple como ésta: ya no podemos tolerar a los políticos que sólo se preocupan por sí mismos.

Teoría y práctica del debate

Al encender el televisor, uno podría imaginar que los dos hombres que discuten frente a nosotros participan en uno de los programas del corazón que infestan las pantallas españolas. Basta un poco de paciencia para constatar que algo no encaja: no aparecen los gritos e insultos que predominan en estos *talk shows*, donde la acumulación de groserías — aquí les llaman tacos, y nadie se priva de ellos— impide cualquier argumento inteligible. Quizás se trate, más bien, de otro género favorito de las audiencias: un concurso.

Miremos a los contrincantes, fingiendo que el animador, con su pelo y su bigote oxigenados, no distrae nuestra atención. La verdad, se parecen bastante. Los dos pertenecen a la misma generación (la diferencia de edad es de cuatro años, aunque la calvicie del primero lo traicione). Los dos llevan barba —algo inédito desde el siglo XVIII—, eso sí muy cortadita, como para ofrecer cierta impresión de modernidad. Y ambos, en fin, pretenden hacernos creer que, en el "diálogo" que mantienen frente a millones de espectadores, se juega algo importante. Al final de la competencia —de este Juego de la Oca democrático—, sólo uno se llevará el premio mayor: el futuro de la nación.

Más rasgos comunes: ninguno es joven, ambos visten trajes oscuros y llevan corbatas del mismo tono: un azul pálido, idéntico al del cartel que anuncia la naturaleza del encuentro: Debate, 2011. ¿Por qué esta preeminencia de un color asociado con sólo uno de los partidos en liza —y el manto de la Virgen—, justo aquel que, según las encuestas, parece destinado a aplastar a su contrincante? ¿Es que en el PSOE no hay un asesor de imagen capaz de reparar en este mínimo —pero significativo— detalle?

Los debates políticos pertenecen a un subgénero híbrido en el mundo del espectáculo: parte teatro, parte programa de concursos, parte certamen de belleza. Si en sus orígenes eran capaces de afectar el resultado de una elección —el Nixon vs. Kennedy de 1960—, desde que una pléyade de asesores modela a los candidatos, su importancia ha menguado: si acaso, logran decantar a un pequeño porcentaje de indecisos. El objetivo de los participantes no es, pues, demostrar la superioridad de una propuesta, ni exhibir su habilidad retórica, sino evitar los errores de bulto, resistir los embates con serenidad y con cordura, superar esta prueba sin

33

heridas. Ésta es la razón de que los debates se hayan vuelto tan aburridos. De pronto, nada resulta espontáneo ni atrevido: una mera sucesión de monólogos —en este caso, el favorito ni siquiera evitó leer sus respuestas—, acompañados por unos cuantos instantes de duda o de ingenio: el estrecho margen de libertad de los comediantes.

Acaso lo más notable del debate entre Alfredo Pérez Rubalcaba, el candidato del PSOE, y Mariano Rajoy, del PP, del pasado 7 de noviembre, fue lo que no se dijo. Uno y otro hicieron hasta lo imposible por no hablar de lo que les incomodaba, de bordear sigilosamente el abismo, de esquivar aquello que estaban decididos a no-decir. Todo el duelo consistió en esta danza ante el vacío. Tres horas de hablar con un único fin: guardar los propios secretos (que son, obviamente, secretos a voces).

Rubalcaba, viejo lobo socialista, ex ministro de Felipe González y, peor aún, de José Luis Rodríguez Zapatero —el doble lapsus de Rajoy al llamarlo así quizás fuese intencional—, tenía una sola misión: no hablar de su gestión en el gobierno, responsable del mayor recorte al estado de bienestar en la historia de la democracia española. Rajoy, ex ministro de José María Aznar, tenía una meta equivalente: no hablar de los recortes que seguramente implementará una vez en el poder. Al llegar al debate, Rubalcaba sabía que le sería imposible remontar los 17 puntos de ventaja de su oponente. Su estrategia consistió, entonces, en querer demostrar que Rajoy realizará aún más recortes que los suyos. Para lograrlo, incluso reconoció la irremediable victoria de su rival con la idea de conseguir una derrota menos aplastante. Ver a Rubalcaba allí, más pequeño y delgado que Rajoy, esforzándose por acorralarlo, ofrecía una imagen casi enternecedora. Me hizo pensar en el chiste de la hormiga que trepa al cuello del elefante mientras sus amigas le gritan: "¡ahórcalo!"

Rajoy lo tenía, por supuesto, más fácil. 17 puntos de ventaja otorgan un aplomo difícil de perder. Y se ciñó a su táctica con disciplina militar: no dejó de repetir que Rubalcaba era culpable de los cinco millones de parados (destruyendo su silencio) y no contestó a una sola de las incómodas preguntas de su adversario.

Al apagar el televisor, la conclusión es simple: Rajoy ganó el debate. Fue más listo. O más terco. Pero el silencio, ese maldito silencio que tanto daño le hace a la democracia, se mantuvo allí, aún más imperturbable. Ese silencio —no asumir la propia responsabilidad, de un lado; no atreverse a decir cómo se va a gobernar, del otro— fue el verdadero triunfador de la noche. El único triunfador.

La línea Maginot

Con las manos entrelazadas con las de su esposa, el presidente mira los resultados que aparecen en la pantalla: aunque su rival lo ha vencido por más de un punto —y él se ha convertido en el primer inquilino del Elíseo en perder en la primera vuelta—, siente un alivio cercano a la euforia. ¿Cómo no alegrarse cuando todas las encuestas vaticinaban una derrota estrepitosa? ¿Y cómo no comparar esta ocasión con la que vivió hace cinco años? Entonces su triunfo fue apoteósico, pero tuvo que soportar que Cécilia ni siquiera lo acompañase a votar y sólo acudiese al mitin de la Concordia tras pasar la tarde con su amante. Ahora, en cambio, Carla —y el hijo de ambos— vuelven dulce su derrota. Sobre todo porque los votantes de Marine Le Pen casi han sumado el 20% de los votos: 20% que, está convencido, él recuperará para su causa.

En una nación orgullosa de su tradición republicana, Nicolas Sarkozy representa una perturbación que ha dañado su investidura. No tanto por sus devaneos amorosos, más propios de un villano de cómic que de un hombre de estado, como por su falta de escrúpulos a la hora de buscar el poder, y retenerlo. Sarko encarna, más que Berlusconi, el triunfo del populismo posmoderno: aunque sólidamente escorado a la derecha, para él la ideología se volvió un estorbo y, a lo largo de su meteórica carrera, jamás dudó en cambiar de bando, de enfrentarse con quienes lo apoyaron o de enarbolar las consignas de la izquierda o la ultraderecha a su conveniencia.

En 2007, contrató a un intelectual socialista, Henri Guaino, para que redactase sus parlamentos; hoy, no ha dudado en copiarle al Frente Nacional sus arengas contra la inmigración y ha arrebatado a François Hollande sus propuestas sobre el Banco Central Europeo. Aunque no haya que dejarse engañar por las apariencias, el que Sarkozy posea una estatura por debajo de la media y sea el primer francés de su familia anticipa su megalomanía, sobre todo cuando su única promesa consiste en devolverle a Francia su grandeza. Porque Sarko, como tantos líderes latinoamericanos, no se ve a sí mismo como un simple político, sino como un redentor laico, decidido a salvar a su nación de la decadencia (un tema que, desde hace siglos, obsesiona a sus conciudadanos). El problema es que, en cinco años, ha logrado más bien lo contrario: someter a su patria al inextricable mandato de Berlín. Nunca, desde mediados del siglo XX,

Francia había perdido tanto poder frente a su vecino. Hasta hace muy poco, la dupla franco-alemana era el "motor de Europa"; Sarkozy se transformó, en cambio, en el escudero de Angela Merkel. ¿Quién iba a decirlo? Una vez más, como durante la guerra franco-prusiana de 1870 o la segunda guerra mundial, Alemania apabulla a su rival histórico, sólo que, allí donde al final fallaron los ejércitos, ahora podrían prevalecer las fuerzas económicas (no menos severas e intransigentes).

Desde que la tormenta financiera azotó a la Unión Europea, asolando a Grecia, Irlanda, Portugal, Italia y España, y causando graves daños en otras partes, Alemania aprovechó la ocasión para erigirse, gracias a la potencia de su industria y a su luterana obstinación por la austeridad, en su baluarte. A partir de entonces, los gobiernos de la zona no han tenido más remedio que plegarse ante el coloso teutón. La salvación, según Merkel, radica en la más estricta disciplina financiera. El déficit es, en su visión, el mayor de los pecados y por ello los teólogos germanos han obligado a sus vasallos a abjurar de él en sus constituciones. Con un pequeño inconveniente: mientras Alemania prospera con estas medidas, su periferia queda condenada una recesión interminable.

De allí las esperanzas de tantos gobiernos europeos, en buena medida de derechas, en el posible triunfo de François Hollande en la segunda vuelta de las presidenciales francesas. Sólo él candidato socialista se muestra dispuesto a enfrentarse al ogro alemán o, al menos, a levantar un muro imaginario —nueva y, esperemos, más eficaz Línea Maginot—, para protegerse de su rígida ortodoxia fiscal. Hollande es el reverso de Sarkozy: serio, parco, un punto aburrido (aunque hay que recordar que durante años fue pareja de Segolène Royal, con quien perdió hace cinco años las primarias socialistas). Su temple no despierta entusiasmo, ni siquiera entre sus seguidores, pero ésta es, quizás, su ventaja: un político que se obstina en serlo frente al predominio de los alborotadores como Sarkozy.

Aunque las encuestas lo favorecen, no hay que dar nada por seguro: Sarko ha demostrado ser un bicho audaz y resistente y, en efecto, susurrará a los oídos de los ultras del FN lo que éstos quieren escuchar. Como sea, en el extraño mundo de la Europa en crisis, el 4 de mayo se jugará mucho más que el destino de Francia: el de todos aquellos ciudadanos de la Unión que, sin derecho a votar ese día, confían en escapar con vida de la Gran Recesión.

El nuevo Tercer Mundo

Durante décadas la pequeña nación fue un paraíso: aquí y allá, los inevitables restos de su antiquísima historia —vagamente recordada por los turistas—, al lado de playas cristalinas, pesquerías extraviadas en el tiempo y blancos hotelitos acodados en farallones. Un buen día, los gobernantes de esta región de cabras y olivares anunciaron que el país se había vuelto rico. El dinero comenzó a fluir a raudales y sus habitantes más despiertos amasaron millones en un suspiro. Hasta que alguien descubrió que sus diligentes administradores habían engañado a todo el mundo: a los bancos que repartieron créditos sin ton ni son, a los jerarcas extranjeros que veraneaban en sus islas y sobre todo a los ciudadanos que por un instante compartieron esa súbita prosperidad. Tras una implacable auditoría, los contables del Norte no sólo descubrieron que sus cifras habían sido maquiladas, sino que el país estaba en quiebra: el paraíso rústico se convirtió en un símbolo del oprobio que no tardaría en azotar al Viejo Continente.

La crisis —de dinero y de confianza— contaminó a toda la región. Y esta parte del orbe, hasta entonces vista como modelo de progreso y equidad, se reveló como un tosco espejismo. La sucesiva debacle de sus economías exhibió de pronto la ineptitud, la avaricia, la imprevisión y la simple estupidez de sus élites políticas, incapaces de hacer frente al desastre que ellas mismas generaron durante los engañosos años de vacas gordas. Todos los males asociados con el Tercer Mundo —esa turbia categoría tan propia de los setenta y los ochenta— se revelaron propios del Primero.

En Grecia, donde se originó la tragedia —nunca mejor dicho—, sus gobernantes falsearon las cuentas públicas con un descaro equivalente al de los más turbios políticos africanos. Por su lado, Portugal e Irlanda se endeudaron más allá de sus posibilidades y debieron ser intervenidos por Bruselas en un proceso no muy distinto al que sufrieron hace décadas diversos países de América Latina con los brutales planes de choque del FMI. Poco antes, la diminuta Islandia había hecho aguas por culpa de los gerentes neoliberales que ascendieron al poder de manos de la derecha, como en el México de 1994.

Y no sólo encallaron los países periféricos: el populismo barato de Silvio Berlusconi hundió la política italiana en una sucesión de episodios cada vez más zafios —baste recordar la desfachatez con que confesó sus orgías con menores— y, al privilegiar sus intereses empresariales sobre el interés público, arruinó a su patria con la misma energía de Menem en Argentina. Mientras tanto, Nicolas Sarkozy se encargaba de desprestigiar la institución presidencial francesa con sus salidas de tono, su tozudez y su frivolidad *people*.

Si bien los desmanes se han multiplicado por toda Europa —de las tentaciones autoritarias en Hungría y Rumania a la anarquía belga, pasando por el auge del extremismo en Finlandia, Suecia, Dinamarca o la misma Grecia—, hoy todos los focos rojos se centran en España, cuarta economía de la eurozona. Cuando se inició la crisis, el socialista José Luis Rodríguez Zapatero menospreció sus señales sólo para luego introducir medidas de ajuste in extremis: su irresponsabilidad provocó el apabullante triunfo del PP en 2011. Desde entonces, Mariano Rajoy ha sido incapaz de afrontar la tormenta de mejor manera. Como su antecesor, no ha hecho sino contradecir todas sus promesas —aumentando impuestos y recortando los servicios públicos—, e incluso ha llegado a escabullirse de la prensa para no explicar sus acciones. Igual que José López Portillo en 1982, basta que Rajoy diga una cosa para que los ciudadanos sepan que hará la contraria. Esta misma semana, la frágil economía española ha sido intervenida por Bruselas.

Los grandes logros sociales y políticos acometidos por Europa desde el fin de la segunda guerra mundial se hallan en peligro debido a la ineptitud y banalidad de sus políticos, tal como ocurrió en Asia, África y América Latina durante la segunda mitad del siglo XX. La poderosa Alemania que intenta arreglar por la fuerza las maltrechas economías de sus socios recuerda a los arrogantes Estados Unidos que se empeñaron en meter en cintura a sus esquivos aliados latinoamericanos, provocando que éstos perdiesen una década entera de crecimiento.

Si Europa se convirtió en un ejemplo para el mundo, fue en buena medida gracias a la visión de figuras como Delors, Mitterrand, Kohl o González. Frente a ellos, sus sucesores parecen enanos concentrados en tapar los agujeros desmantelando el estado de bienestar. Sometidos al dictado ideológico que ensalza la austeridad, y desprovistos de la energía para reformular las instituciones europeas, están a punto de convertir la ribera norte del Mediterráneo en un nuevo Tercer Mundo. La única forma de evitarlo es recurrir a la misma fórmula que salvó a la región en el pasado: revertir los torvos nacionalismos que aún perviven y convertir a Europa (sin Gran Bretaña) en una auténtica federación.

La venganza del Guasón

¿Cuántas veces ha visto la escena? Ni siquiera necesita pulsar *play* para que las imágenes se encadenen en su mente, para volver a sufrirlas con desgarradora intensidad. Fuck! ¿Por qué nunca logra escapar en el último momento, por qué siempre termina atrapado por su archienemigo? ¿Qué lo hace sentirse superior, si no es más que un payaso —un niño en su ridículo disfraz— igual que él? Holmes ha rumiado su venganza a lo largo de cuatro años, pero sabe que por fin ha llegado el día. Oculto en su mansión, tullido y abandonado por todos (excepto por su insufrible mayordomo), su adversario piensa que ha desterrado el mal inexplicable y abyecto. ¡Iluso! El soberbio eremita no comprende que el mal nunca se extingue; acaso pueda retraerse, como una ola, pero sólo para regresar con una fuerza redoblada.

Holmes revisa la programación de la música y de su arsenal antes de salir de casa. Excitado, se traslada a las cercanías del auditorio, se parapeta en una esquina, y aguarda el inicio de la función. A lo lejos vislumbra a los odiosos fans de su archienemigo: muchachitos que cubren su acné con antifaces negros; niños envueltos en toscas alas de plástico; adolescentes gordas o anoréxicas con ratones alados impresos en la piel; padres y madres cargados con enormes botes de palomitas con el ridículo emblema de su archienemigo. ¡Qué indignos le parecen, de pronto, los humanos! ¿Cómo no querer eliminar la mortecina placidez de sus vidas con una repentina descarga de infortunio, con una súbita dosis de maldad?

Holmes empuña sus armas y se adentra en el reino de su adversario —su cabello rojo, un destello en la penumbra—: no la Ciudad Gótica, sino ese atestado templo donde, al final de la aventura, después de padecer y dudar y ser doblegado por el inmundo Bane (tosco villano), su rival volverá a triunfar. Sólo que en esta ocasión no será así. Nunca volverá a ser así. Porque Holmes ya no es Holmes, sino el Guasón —el perverso y estragado Guasón del fallecido Heath Ledger—, y el Hombre-Murciélago será destruido para siempre.

Cuando los primeros estallidos resuenan en la sala, los asistentes piensan en una sorpresa añadida a la *première*, hasta que los gritos y el horror suenan demasiado reales y la irrealidad del mal absoluto —de ese mal

45

que tan torpemente acomete Bane en la pantalla— los alcanza. ¿Los espectadores querían contemplar la maldad gratuita? Pues allí lo tienen, ríe Holmes, imitando a Ledger, o a Jack Nicholson, o a César Romero.

En su grandilocuente y abigarrada metáfora, Christopher Nolan quiso arrancarle al Hombre-Murciélago su condición de héroe impoluto. ¿Cómo? Obligándolo a dudar entre el bien y el mal. A diferencia de Superman o el Hombre Araña, cuyo código moral resulta intachable — y deviene, por tanto, infantil—, Bruce Wayne (el Bruno Díaz de los buenos tiempos) se halla siempre en el límite: combate el mal con el mal. Frente a esta trágica disyuntiva, Holmes reinstala, en cambio, el azar y la irracionalidad. Habrá quien lo menosprecie aduciendo que se trata de un pobre diablo en busca de fama. Pero, ¿no son así todos los villanos, de Hitler al Guasón?

No es casual que el perfil de Holmes coincida con el de tantos psicópatas: retraído, amable, con excelentes notas escolares. El hombre normal que se transforma en monstruo. Y otra metáfora: si en la película Bane planea destruir la Bolsa de Valores y un estadio de fútbol —el doble fundamento de nuestra mermada civilización—, Holmes da un golpe aún más certero: contra la más contagiosa variedad del entretenimiento global, aquella que incuba y conjura nuestras pesadillas. Tampoco debería sorprender que su especialidad sea la neurociencia: otro científico loco en la lista. Y alguien consciente del poder de las neuronas espejo, esas células que nos llevan a imitar secretamente a los otros, a convertirnos en esos otros por un instante. La neuronas de la empatía, mas no de aquella que podría haber ligado a Holmes con sus víctimas, sino con el esperpéntico villano derrotado en El caballero oscuro. (Al hablar de su versión del Guasón, Ledger lo definió como un psicópata "sin la menor empatía").

El incidente vuelve a abrir el debate en torno a la violencia de la ficción. ¿Influye en los instintos asesinos? Sin duda. A fuerza de revivir una y otra vez las mismas secuencias de muerte, uno acaba por acostumbrarse a ellas. La solución no radica, sin embargo, en la censura, sino en contrarrestar la violencia con una educación humanista. Justo la que pareció faltarle a Holmes. El episodio del cine Aurora refuerza la necesidad de controlar la venta de armas en Estados Unidos —más que los miles de muertos en México, a ojos de su sesgada opinión pública, pero sobre todo nos recuerda la fragilidad de una sociedad que, en vez de privilegiar la empatía por los débiles, exorciza sus demonios con fábulas de héroes y villanos solitarios que combaten entre sí al margen de la ley.

La profeta y el sombrerero loco

Mientras la densa cortina de lluvia se aleja de las costas de Tampa tras aguar los inicios de la Convención Nacional Republicana, Mitt Romney y Paul Ryan, recientemente ungidos como candidatos a la presidencia y a la vicepresidencia de Estados Unidos intentan demostrar frente a su público conservador —y sobre todo ante las cámaras— que son simpáticos, buenos padres de familia, seres comunes y corrientes (aunque uno sea un millonario mormón y el otro católico libertario); en una palabra, que ambos son, como dicta el sistema hollywoodense, humanos.

El tinglado es una prueba más de la severa esquizofrenia que afecta al Partido Republicano con especial fuerza a partir del auge del Tea Party. Durante los últimos meses Romney no ha hecho sino tratar de borrar la vena moderada que lo distinguió como gobernador, pero una vez asegurada la nominación quiere volver a acercarse a ese 10 por ciento de votantes independientes que decidirá la elección. Con un hándicap: a fin de asegurarse la fidelidad de los sectores más a la derecha de su partido decidió compartir fórmula con el joven y apuesto —en la línea Peña Nieto— ex congresista Ryan.

Se ha cuestionado a Romney por elegir una figura tan radical cuando, en teoría, los republicanos necesitaban alguien menos polémico para ganarse el centro. Aunque en términos de estrategia estas voces puedan tener razón, lo cierto es que Romney se decantó por uno de los políticos que mejor encarnan los valores actuales de la derecha estadounidense. Porque, si bien en el interior del G.O.P conviven muchas corrientes —desde los fanáticos evangélicos hasta los liberales clásicos—, el pegamento que los une es su brutal desconfianza hacia el Estado, a quienes ven como fuente de todas las calamidades.

Pese a sus esfuerzos, Romney continúa sin despertar entusiasmo entre los suyos: por más que lo niegue, durante su etapa en Massachussets aplicó medidas estatistas, como la aprobación de un sistema de salud idéntico al de Obama. Ryan, en cambio, posee espléndidas credenciales: no sólo es un feroz adversario de la intervención del Estado en la economía, principio bajo el cual redactó la propuesta presupuestal republicana, sino que durante sus años de formación fue un enfebrecido seguidor de Ayn Rand, la novelista y filósofa de origen ruso que, desde la publicación de La rebelión de Atlas en 1957, se convirtió en una de las voces esenciales de la derecha estadounidense.

En esta ficción futurista, convertida hace poco en una torpe superproducción, Rand imagina unos Estados Unidos sumidos en una terrible crisis. En este escenario, un grupo de destacados empresarios y creadores, encabezados por el misterioso John Galt, desaparece de la vida pública, dominada por una pandilla de políticos colectivistas (es decir, demócratas) que han aniquilado toda iniciativa individual, y se refugian en una colonia oculta en las montañas de Colorado en la cual no rige otro principio que el laissez-faire.

El aparente paralelismo entre la situación actual de Estados Unidos debió encandilar a Ryan y a sus pares del Tea Party. Para ellos, la única forma de devolverle la prosperidad a América es anulando las medidas socialistas de Obama. Por desgracia, la trama de Rand, donde se enfrentan superhombres capitalistas convencidos de la bondad del egoísmo contra torpes rémoras altruistas es, además de una fábula maniquea, un anacronismo. Al imaginar el futuro, Rand en realidad veía el pasado: la Rusia de su juventud donde sus padres fueros desposeídos por los soviéticos.

Ryan y los suyos no comprenden —o lo enmascaran para proteger los intereses de unos cuantos— que la crisis actual deriva justo de lo contrario: la desregulación aprobada durante las presidencias de Clinton y Bush Jr. (no es casual que Alan Greenspan, todopoderoso presidente de la Reserva Federal en este periodo, fuese otro destacado discípulo de Rand). El Estado no fue, en este caso, la causa de la debacle, sino más bien esos capitalistas ambiciosos que lograron eliminar la vigilancia sobre los bancos de inversión, los derivados financieros y el mercado de hipotecas, lo cual precipitó el hundimiento de Lehman Brother o AIG —y, a la larga, de toda la economía mundial.

Poco después de ser nominado, Ryan declaró que su admiración por Rand había sido un pecado de juventud. Esta abjuración no se debió a que el ex congresista dejase de comulgar con el modelo social de la escritora, sino a su ateísmo o su defensa del aborto. Porque el segundo punto que une a la derecha estadounidense desde los años cincuenta —

otro anacronismo de la Guerra Fría— es su carácter forzosamente religioso. Católico archi-mocho, como lo llamó Jorge Castañeda, Ryan ya no podía darse el lujo de ser asociado con una descreída. Se le podrá reprochar a Romney ser un hipócrita y un dos caras, pero al escoger a Ryan hizo algo más que lavar sus culpas progresistas: dejó en claro donde se encuentra hoy el verdadero corazón del Partido Republicano.

Misterioso asesinato en Chongqing

Vestida con una chaqueta negra y una camisa blanca que contrastan con su esmerada elegancia de épocas mejores, Gu Kailai comparece ante el tribunal de Hefai con un rostro inexpugnable. Tras oír los testimonios en su contra —se le acusa de envenenar a Neil Heywood, su socio y, según otras fuentes, amante—, la Jackie Kennedy china, como la llaman los tabloides, acepta sin parpadear todos los cargos. Amparándose en su confesión, los jueces apenas tardan en dictarle una condena a muerte suspendida, lo que equivale a un término de entre 14 años de cárcel y cadena perpetua. Al escuchar el veredicto, Kailai no sonríe pero su rictus se relaja. Según las últimas filtraciones, será trasladada a Quincheng, una prisión de lujo construida para albergar a viejos funcionarios imperiales, políticos nacionalistas y criminales de guerra japoneses —y donde su suegro, Bo Yibo, pasó una temporada durante la Revolución Cultural antes de ser rehabilitado por Deng Xiaoping como uno de los "ocho sabios" del Partido Comunista Chino (PCCh). El juicio, celebrado a toda velocidad en una corte celosamente resguardada —a la cual la prensa extranjera no tuvo acceso—, no sólo representa el mayor escándalo que haya sacudido al gigante asiático en las últimas décadas, sino la metáfora de un sistema diseñado para ocultar las fuerzas en pugna en el interior de su elusiva y enigmática (al menos a ojos occidentales) clase política. Porque, si bien los jueces condenaron en solitario a la impertérrita Kailai y el nombre de su marido no fue pronunciado en las audiencias, el auténtico destinatario del proceso ha sido Bo Xilai, hasta hace poco popular líder de la rica provincia de Chongqing. Para todos los improvisados sinólogos del planeta, tan abundantes como los kremlinólogos de la Guerra Fría, el espectáculo no ha tenido otro objetivo que apartar a este último del poder cuando se disponía a convertirse en miembro del Comité Permanente del Politburó, el máximo órgano del PCCh.

La trama parece surgida de una mezcla entre Chinatown y El complot mongol. Según la versión oficial, Gu Kailai no sólo era una abogada exitosa y rica, sino una mujer aquejada por drásticos cambios de humor y una "leve" esquizofrenia. Años atrás, ella y su esposo habían conocido a Heywood, quien llevaba varios años en Pekín como intermediario entre empresas británicas y chinas —y a quien otros señalan como agente del M16. Las dos familias no tardaron en hacer migas económicas y sociales:

53

Haywood fue responsable de que Guagua, el hijo de Gu y Bo, ingresase en una prestigiosa academia británica (luego emigraría a Oxford y Harvard), y pronto se convirtió en socio de Kailai en una empresa de bienes raíces destinada a obtener jugosos contratos en Chongqing. Sólo que, en algún momento, el ambicioso Bo Xilai frustró sus planes al poner en marcha un plan anticorrupción con el objetivo de aumentar su fama pública. Furioso, Haywood procedió a encerrar a Guagua en una de sus mansiones en Inglaterra y le envió a Kailai un correo electrónico asegurándole que pensaba "destruirlo" si no obtenía las ganancias prometidas.

En "estado de shock", entonces Gu Kailai planeó asesinar a Haywood. Para lograrlo pidió ayuda a un antiguo empleado de su padre y al jefe de policía de Chongqing, Wang Lijun, a quien ordenó vincular al inglés en una trama de narcotráfico. El 13 de noviembre de 2011, Kailai y Haywood cenaron en su fastuosa habitación de hotel; para celebrar su reconciliación, ella llevaba una botella de whiskey condimentado con cianuro. Kailai le hizo dar un sorbo; doblegado por las náuseas, Haywood se recostó en su cama. A continuación Kailai le abrió la boca y le hizo ingerir otra dosis.

El 15 de noviembre, los agentes de Wang descubrieron el cadáver; la propia Kailai visitó a la esposa de Haywood y logró su autorización para que fuese cremado sin autopsia. Entretanto, el jefe de la policía cambió de parecer y, acaso temiendo por su vida, buscó refugio en el consulado estadounidense, a cuyos funcionarios reveló los oscuros pormenores del crimen (actualmente se halla en prisión). A partir de allí, las autoridades chinas desplegaron todos sus recursos para retomar el control del caso. Gu Kailai fue acusada de homicidio y Bo Xilai obligado a renunciar a todos sus cargos.

Como resulta evidente para cualquier lector de novelas policíacas —por ejemplo las del detective Chen Cao, del escritor Qui Xiaolong, publicadas en español por Tusquets—, la infinidad de fallas y cabos sueltos en el proceso apuntan a una trama de ambición, celos y venganza del más alto nivel. Por el momento, Bo Xilai no ha sido acusado de corrupción, pero la amenaza lo mantiene a raya. Aun así, mientras ni él ni su esposa sean condenados a muerte les queda la esperanza de que los vientos vuelvan a serles propicios. Como en tantos cuentos chinos, no sería la primera vez que un político defenestrado, como el propio padre de Xilai, termine de nuevo en la cima.

Blasfemos y humoristas

En la primera escena, un grupo de fanáticos musulmanes —los reconocemos por sus hirsutas barbas postizas— destroza una farmacia cristiana, asesina a una muchachita con un crucifijo y saquea un rústico set virtual que intenta parecerse a una barrio egipcio. A partir de allí, un padre de familia explica a sus hijos la "verdadera" historia del Islam, según la cual Mahoma era blanco y rubio y poseía el mismo nivel intelectual y emocional de los protagonistas de American Pie. Realizado con los recursos propios de la televisión de los años setenta, con una panda de improvisados comediantes que no ocultan la chacota, Inocencia de los musulmanes, el video que ha desatado la furia de los auténticos fanáticos —y que le costó la vida al embajador estadounidense en Bengasi, J. Paul Stevenson— ha sido reproducido más de 14 millones de veces en YouTube al momento de escribir estas líneas.

Lo primero que sorprende, por supuesto, es que una farsa tan lamentable y chapucera, llena de gags estúpidos y de burdas provocaciones, sea capaz de provocar tanto odio. Si ese era su objetivo, lo ha logrado con creces: las manifestaciones se han sucedido en todo el mundo islámico —contra Estados Unidos en su conjunto, como si Obama o Hillary Clinton fuesen sus productores—, mientras un conjunto de líderes árabes ha solicitado a Naciones Unidas reintroducir el delito de blasfemia (¿y los azotes?) y el siempre ocurrente presidente iraní, Mahmud Ahmadineyad, ha declarado que boicoteará la ceremonia de los Oscar, como si Inocencia… estuviese nominada en la categoría de "mejor forma de tocarle los huevos a los musulmanes".

Desde una perspectiva laica, el asunto no admite vuelta de hoja: por indignante que pueda resultar la parodia, nada justifica los destrozos y las muertes. El problema radica, claro, en que buena parte del mundo aún vive fuera de la modernidad —incluyendo, para aumentar la paradoja, a grandes sectores de Estados Unidos— y considera que insultar a sus dioses es peor que insultar a sus madres. La reacción de estos creyentes puede parecer primitiva, pero no carece de lógica: dedo que para los musulmanes su profeta es tan real como cualquiera, se rebelan contra un sistema —ese fantasma llamado "Occidente"— que no prohíbe la blasfemia y no condena a sus practicantes.

Cuando las revueltas aún no se habían agotado, la publicación de un nuevo paquete de caricaturas de Mahoma en la revista satírica CharlieHebdo enturbió aún más el escenario. Previendo un viraje de la ira hacia sus ciudadanos, el gobierno francés se vio obligado a desalojar sus misiones diplomáticas en los países árabes. Para los editores del semanario, la libertad de expresión está por encima de cualquier consideración —incluida la mera prudencia— y desoyeron las recomendaciones de posponer su publicación, reanimando la polémica en torno a los límites de la libertad de expresión. En efecto, en Francia, cuna y adalid del laicismo, no existe el delito de blasfemia: uno puede burlarse de cualquier dios sin problema alguno. Pero no es cierto que allí la libertad de expresión sea absoluta: si, con menos humor, alguien se atreve a negar el holocausto judío puede terminar en la cárcel. La cuestión no es, pues, tan simple: si los legisladores decidieron penar a los negacionistas en virtud de la discriminación hacia un pueblo, ¿no aciertan los líderes islámicos que exigen un tratamiento similar hacia sus figuras sagradas? Temo reconocer que los imanes tienen un punto. El error ha sido, pues, convertir en delito la negación del Holocausto. Los únicos límites a la libertad de expresión deben ser el respeto a las demás personas (reales) y la no discriminación ni la incitación al odio. En otras palabras: uno debería poder negar el Holocausto, pero jamás injuriar a un judío; del mismo modo, uno puede burlarse del Islam, de Mahoma o de Cristo, pero no de un musulmán o un cristiano en particular. Punto.

Lo sabemos desde hace mucho: la religión, cualquier religión —es buen momento para resucitar a Marx—, adormece la conciencia crítica. Por desgracia, de unos años para acá, en especial desde el derrumbe del comunismo, se ha impuesto la tendencia políticamente correcta de respetar las creencias ajenas sin cuestionar sus bases o principios. Y no sólo eso: desde entonces numerosos estados se han dedicado a promover su renacimiento, conscientes de su poder opiáceo. Igual que el nacionalismo —otra de las grandes amenazas de nuestro tiempo—, la religión es un resabio primitivo que, con su alud de fantasías y dogmas asumidos como verdades absolutas, no hace otra cosa más que privilegiar las diferencias y alejarnos de la auténtica tolerancia. La única solución viable a los desafíos de los fanáticos pasa por promover el laicismo en todas partes, en abierta oposición a las opiniones de papas, popes, pastores, imanes y rabinos.

La audacia de la razón

Bajo un cielo frío e inescrutable, Barack Hussein Obama —el nombre más inusual que se haya pronunciado en estas ceremonias— atraviesa la explanada y se planta en el estrado frente al ala oeste del Capitolio. Es el 20 de enero de 2009 y, tras la fanfarria introductoria de John Williams y la infaltable oración de un pastor protestante, el primer hombre de piel negra en convertirse en presidente de Estados Unidos inicia su discurso. Intercalando vehementes invocaciones a Lincoln y a la Biblia, Obama lanza una severa crítica a su predecesor y hace un urgente llamado a recuperar los auténticos valores de la democracia. En sus palabras el mundo cree advertir una nueva era marcada por el multilateralismo, la recuperación del crecimiento, la tolerancia y el diálogo. La emoción despertada por su triunfo es tan apabullante que, a sólo unos meses de su investidura, se le concede un polémico Premio Nobel de la Paz. Mientras tanto, en su patria sufre una brutal campaña de desprestigio por parte de los conservadores —y ese nuevo engendro populista, el Tea Party—, quienes no dudan en compararlo con Stalin (o con Hitler), lo acusan de ser el mayor destructor del capitalismo moderno e incluso cuestionan su ciudadanía estadounidense. Una de las mayores falsificaciones de la historia política reciente porque, más allá de su carácter de símbolo del cambio, Obama está a años luz de ser un radical o un revolucionario; por el contrario, nadie se ha empeñado tanto como él para gobernar bajo los auspicios de la razón y el equilibrio en una época que se decanta por la exaltación y el anatema.

Desde el inicio de su administración, Obama optó por la mesura y no por los alaridos propios de la sociedad del espectáculo. Pese a la andanada de descalificaciones y desaires republicanos, nunca cejó en su empeño de llegar a acuerdos con sus rivales. Sólo así logró aprobar in extremis su proyecto de seguridad social —su mayor conquista hasta el momento, avalada con el sorpresivo voto de John Roberts, el presidente de la Corte Suprema—, pero a cambio de poner en marcha un plan de recuperación económica que no alteró las bases del sistema, nunca enjuició a los responsables de la crisis y permitió que el 1% más rico de la población —los millonarios que hoy tanto lo detestan— sigan aumentando sus ingresos en una proporción desmesurada. En contra de lo que gritan sus detractores, la presidencia de Obama ha sido un ejemplo de moderación —apenas un punto a la izquierda de las de Carter o Clinton— y de una normalidad que contrasta radicalmente tanto con el espíritu de cambio ciudadano que le concedió la victoria como con las caricaturas que difunden sobre él Fox News o los voceros mediáticos del Tea Party.

De este modo, en los casi cuatro años que han transcurrido desde su juramento, Obama ha decepcionado tanto a sus compatriotas como a sus fans globales, aunque por motivos encontrados. Los conservadores siguen acusándolo de ser un ogro socialista sólo por haber aprobado una especie de seguro social obligatorio; los liberales lo consideran tibio o pusilánime; y, pese a las simpatías que genera en el resto del planeta, sus logros suenan tan exiguos que, en el primer debate contra Mitt Romney, celebrado esta semana en Denver, el presidente ni siquiera pareció capaz de enumerarlos (si bien ha conseguido la meta, vista como imposible, de reducir el desempleo al 7.8%).

Aunque se esfuerce por mostrarse sonriente y afable con su familia, lo cierto es que Obama continúa siendo una de las figuras más inaprehensibles de nuestros días justo porque su acción política no se desarrolla a partir de los criterios habituales de la ideología o la mercadotecnia. En una era dominada por las iluminaciones de Bush Jr., la soberbia de Sarkozy, el cinismo de Berlusconi, los exabruptos de Chávez o el cínico pragmatismo de Romney, Obama parece flotar por encima de las disputas cotidianas y de los incesantes ataques en su contra. Su vocación es más la de un líder moral que la de un simple político y por ello su tono nunca resulta estridente o inflamado, sino didáctico: es el tono de quien no confía en las vísceras, sino en la razón.

Imposible saber si esta filosofía del poder, de espíritu casi budista, volverá a funcionarle en las próximas elecciones. Como quedó demostrado en este primer debate, su templanza puede ser vista como debilidad y su autocontención como soberbia. Pero, acostumbrados a líderes cuyas iniciativas responden sólo al maquillaje electoral, habría que celebrar que el presidente de Estados Unidos se detenga a exponer cada una de sus medidas y a explicar cada uno de sus logros y fracasos con ese temple lánguido y profesoral que hoy tanto le critican. Obama podrá resultar distante o enigmático, pero sólo por su voluntad de gobernar bajo los auspicios de la razón merecería otra oportunidad frente al burdo pragmatismo de Romney, ejemplo perfecto de los políticos sin escrúpulos de nuestro tiempo.

El león herido y el cazador sensato

De un lado, el león herido. A lo largo de los últimos meses hemos sido involuntarios testigos de su singular batalla contra el tiempo: fatigado y ojeroso, a veces más delgado y pálido que nunca, a veces más obeso y abotagado que de costumbre, calvo o con el cráneo apenas cubierto con incipientes brotes de cabello, con el gesto adusto o extraviado —a causa, tal vez, de los calmantes— y la voz chillona o insólitamente amortiguada, no ha dejado de comparecer ante las pantallas, decidido a compartir su calvario con sus admiradores y enemigos. La imagen que proyecta es la del héroe injustamente vapuleado que, superando sus trances y dolores, se apresta a dar su última batalla. Un Cid no muerto sino moribundo, provisto con el coraje necesario para derrotar, una vez más, a sus odiados detractores del imperio.

Del otro lado, el cazador sensato. El muchacho digno y arriesgado elegido para capturar de una vez por todas a la bestia a fin de devolverle la tranquilidad y la concordia a los hombres y mujeres de su aldea. Aprovechando su juventud y su vigor, a él en cambio lo hemos visto prodigarse en todas las regiones, en las montañas y en la selva, en los terrosos barrios de los pobres y en las traslúcidos mansiones de los ricos, decidido a encontrar aliados para su empresa, compañeros de ruta dispuestos a desterrar a su rival luego de trece años de recelos y amenazas. La imagen que cultiva es, por supuesto, la de David armado con una honda: su energía y su templanza.

El combate no puede ser más desigual. Aun lastimado, el león mantiene intactas sus garras y sus fauces: no sólo los instrumentos del Estado que le permiten difundir su narrativa día y noche, sin tregua, en todos los hogares, sino los lustros en que ha maquillado la historia, en que ha retocado o reconstruido el discurso bolivariano, en que ha sometido a una generación entera a su discurso de igualdad y de recelo. Frente a este apabullante chantaje emocional, el cazador no cuenta más que con su presencia serena, su discurso de reconciliación y de esperanza. Y sus promesas razonables.

Durante la campaña —la cacería—, el león continúa escurriéndose, elude llamar a su adversario por su nombre, incapaz de concederle siquiera un lugar en sus palabras. Todos constatamos que los saltos y añagazas del felino no son ya los de otros tiempos, que ha perdido reflejos y agudeza, que sus colmillos se han desafilado y que sus uñas mondas y achatadas son las de quien apenas puede defenderse. Aun así, aún ruge con fuerza: grita, aúlla, descalifica —una de sus especialidades—, y vuelve a utilizar el arma que mejores resultados le dio en el pasado: su simpatía y el pánico hacia los otros. Sólo él puede contener una invasión extranjera, sólo él, el dios totémico, puede proteger a los desprotegidos, sólo él puede contener a los oscuros enemigos de la revolución bolivariana, sólo él es capaz de vencer a los demonios.

El dicho se confirma: la bestia acorralada se vuelve aún más peligrosa. El cazador lo sabe y emplea la estrategia que considera más prudente: no lo provoca ni lo azuza, prefiere hablarle a sus compatriotas del futuro, del cambio tranquilo que llegará en caso de que triunfe. Ante lo que considera indiferencia, el león responde con más furia y el diálogo se torna imposible. Los fanáticos del león no cambiarán de bando hasta su muerte; mientras tanto, los otros miembros de la manada aún resguardan a su líder, usando todos los recursos a su alcance, a fin de conservar sus privilegios (mientras, en secreto, pelean ya para decidir quién lo sucederá cuando al fin desaparezca).

Las elecciones se celebran sin violencia y sin acusaciones de fraude de ninguna de las partes —algo insólito visto, ay, desde México. Al final, Hugo Chávez, el león herido, vence holgadamente con más del 54 por ciento de los votos. Y el cazador sensato, Henrique Capriles, haciendo prueba de esa sensatez envidiable —aún más sorprendente desde México— de inmediato reconoce su derrota. ¿Qué ha sucedido? ¿Por qué han vuelto a triunfar los gruñidos del león por encima de la sensatez del cazador?

Las respuestas son múltiples —de su compromiso con los desfavorecidos a la lenta erosión del consenso democrático—, pero sin duda la narrativa del corazón aplastó a la narrativa del cerebro. Chávez, el caudillo democrático, entrevió que para ganar esta elección necesitaba apelar a la empatía emocional de sus votantes —su lucha personal convertida en metáfora de su lucha política— y, de manera tácita, el cáncer se convirtió en un elemento crucial de su victoria. Capriles, apelando a la razón, hizo todo lo que debía: una campaña inmejorable y un comportamiento cívico ejemplar que, insisto, a los mexicanos nos deslumbra. Y aun así, perdió rotundamente. A veces son los ruidosos, los que aúllan y vociferan, quienes ganan. Y, aun así, hay que confiar en que a la larga triunfarán quienes, como Capriles, invocan a la sensatez y al diálogo.

El general y su biógrafa

Con el semblante contrito que hemos atestiguado en tantas figuras públicas en trances semejantes, el general David Petraeus, uno de los militares más respetados de Estados Unidos, responsable de las últimas operaciones en Afganistán, anuncia su renuncia como director de la CIA debido al "mal juicio" que lo llevó a entablar una relación extramarital con Paula Broadwell, su biógrafa. El anuncio se produce tres días después de la reelección de Obama y no sólo refrenda la hipocresía de una sociedad cuyas raíces puritanas conducen a la reiterada defenestración de sus políticos a causa de escándalos sexuales —la larga lista que va, en los últimos años, de Bill Clinton a Eliot Spitzer—, sino que vuelve a azuzar la polémica sobre los límites entre la vida privada y la vida pública, y la autoridad del gobierno para supervisar la intimidad de sus ciudadanos.

Aunque los detalles del caso han sido revelados a cuentagotas, los primeros indicios apuntan a que la caída en desgracia del prócer se debió a la ácida batalla entre dos mujeres (ninguna de ellas su esposa): Paula Broadwell, una graduada de West Point, experta en terrorismo y autora de una muy elogiosa biografía del general, y Jill Kelley (de soltera Gilberte Khawam), *socialité* de Tampa y amiga tanto de los Petraeus como del general John Allen, su sucesor designado en Afganistán.

Según la aún borrosa cronología del caso, a fines de 2006 el general Petraeus conoció a Broadwell en Harvard, donde ella cursaba una maestría; poco después ésta le solicitó convertirlo en el tema de su tesis. El general aceptó y la joven lo visitó en Afganistán seis veces a lo largo de dos años. No obstante, según "fuentes cercanas" a Petraeus, su relación sentimental no se inició hasta el otoño de 2011, cuando él ya había dejado el ejército y se había convertido en director de la CIA.

Hasta aquí, el asunto sólo competería a los involucrados (o, en todo caso, serviría para discutir hasta dónde un biógrafo puede aproximarse a su "objeto de estudio"), pero en mayo de 2012 Jill Kelley, de cuyas célebres fiestas eran asiduos los Petraeus, alertó a un amigo suyo del FBI —la agencia rival de la CIA—, sobre una serie de emails anónimos que la acusaban de flirtear (o cosas peores) con el general. El agente, identificado luego como Frederick Humphries (y quien solía enviarle fotos sin camisa a Jill), alertó a sus jefes y los expertos del FBI no tardaron en concluir que los correos habían sido enviados por Broadwell en un aparente rapto de celos.

Una vez más, la historia podría haberse cerrado aquí, pero en sus pesquisas los agentes federales se toparon con un alud de correos sexuales de Petraeus a su biógrafa. ¿Hasta dónde tenían derecho a seguir su pista? Según ellos, no les quedaba otro remedio: al toparse con el nombre del jefe de la CIA, imaginaron que éste podría haber violado distintos protocolos de seguridad e incluso consideraron el peligro de que pudiese ser chantajeado por alguien al tanto de sus devaneos. Aun así, el FBI llegó a la conclusión provisional de que no había delitos que perseguir. Pero Humphries no se conformó y recurrió al líder de la mayoría republicana en el Congreso, quien transmitió su inquietud a otras instancias ejecutivas —hasta que Petraeus quedó contra las cuerdas. En la guinda de lo que suena ya a chisme de vecindad, los investigadores también hallaron cientos de comunicaciones privadas (inconvenientes) entre el general Allen y Jill, provocando la suspensión de su nombramiento como jefe supremo de las fuerzas armadas de la OTAN.

No sería la primera vez que un escándalo sexual es usado por el FBI para acabar con la carrera de un político —una de las especialidades de J. Edgar Hoover—, pero llama la atención que el director de la CIA haya sido atrapado en una maniobra tan burda: según se ha revelado, para ocultar su lujuria usaba las mismas tácticas de un adolescente calenturiento.

Más allá del chismorreo, la caída de Petraeus exhibe la duplicidad que impera en la vida pública estadounidense: una nación que ordena a sus políticos una intimidad sin mácula y exhibe con fruición a quienes se apartan de la norma. Poco importa que Petraeus haya realizado un trabajo ampliamente valorado en Afganistán (o que Eliot Spitzer haya sido un fiscal implacable con los tiburones de Wall Street): sus faltas íntimas se persiguen con mayor energía que otros delitos públicos.

Por supuesto, el *affaire* Petraeus también despierta suspicacias sobre el comportamiento del FBI y otras agencias de espionaje: bucear en las cuentas de correo, aprovechándose de su carácter de retícula, convierte al ciudadano en un eterno sospechoso, incapaz de defenderse frente a la intrusión del poder en su esfera íntima. Si a la postre no se comprueba que el general Petraeus cometió algún delito, su paradójica caída sólo demostrará que ni siquiera el director de la mayor agencia de espionaje del planeta es inmune a las violaciones a la privacidad puestas en marcha por organismos como el suyo.

¿Adiós a las armas?

En su vibrante discurso posterior a la masacre de Newton, el presidente Barack Obama sentenció: "Estas tragedias deben terminar. Y, para que terminen, debemos cambiar". Y añadió: "En las próximas semanas usaré todos los poderes que le han sido conferidos a esta oficina para comprometer a mis conciudadanos, a los responsables de aplicar la ley, a los expertos en salud mental, a los padres y a los educadores, en un esfuerzo dirigido a prevenir tragedias como ésta, pues, ¿qué otra opción nos queda? No podemos aceptar que estos sucesos se conviertan en rutina".

Por desgracia, en Estados Unidos "estos sucesos" se han transformado justo en eso: una dolorosa rutina que se repite a un ritmo que no tiene comparación en ningún otro país. Desde 1962 han ocurrido 62 casos semejantes, en los que uno o dos tiradores han asesinado a decenas de personas en universidades, escuelas y otros lugares públicos. Según el sitio liberal Mother Jones, de las 142 armas usadas por los asesinos, más de tres cuartas partes fueron obtenidas legalmente, incluyendo 68 armas semiautomáticas y 35 rifles de asalto. Tras cada masacre, sin falta los políticos demócratas en turno han llamado a reforzar el control de armas y sin falta se han visto desafiados por sus colegas republicanos, por el lobby de la National Rifle Association (NRA) —el más influyente de Washington—, y por una cultura que considera que la posesión de armas es un derecho inajenable como la libertad de expresión.

Los abogados de esta idea se basan en la segunda enmienda a la Constitución de Estados Unidos, que establece: "Siendo necesaria una milicia bien ordenada para la seguridad de un Estado libre, el derecho del pueblo a poseer y portar armas no será infringido". Su redacción deriva de la Declaración de Derechos británica de 1689, en la que el Parlamento desechó el decreto del rey católico Jaime II de desarmar a sus súbditos protestantes, si bien durante dos siglos esta provisión fue entendida como un derecho colectivo aplicable sólo a esa "milicia" que a la larga fue sustituida por el ejército federal. No fue sino hasta 2008 que esta interpretación sufrió un drástico giro cuando, en el caso District of Columbia vs. Heller, los cinco jueces ultraconservadores de la Suprema Corte eliminaron las restricciones a la portación de armas en D.C. al considerar que violaban un derecho individual.

73

Pero incluso antes de este fallo, la NRA —creada en 1871 por un grupo de cazadores— ya había tomado como bandera este supuesto, oponiéndose a cualquier restricción a las armas de fuego, incluyendo el derecho a portarlas cerca de escuelas o centros comerciales y a almacenarlas en los coches. Su negativa protege un lucrativo negocio —según Jill Lapore, en un artículo publicado en el New Yorker en 2010, en Estados Unidos hay unos 300 millones de armas en manos privadas— pero también posee un componente ideológico que se asocia con la tradicional desconfianza hacia el Estado de un alto porcentaje de la población: a nadie sorprenderá que la mayor parte de quienes poseen armas voten por los republicanos.

La decisión del presidente Obama de usar todo el poder conferido a su oficina para acabar con esta situación se encontrará con múltiples obstáculos. En primer lugar, el poder de la NRA que, tras el veredicto de los mismos jueces ultraconservadores de la Suprema Corte en el infame caso Citizens United vs. Federal Elections Comission (2010), continuará invirtiendo millones de dólares para atacar a los candidatos que se oponen a sus políticas. Y, en segundo, los congresistas republicanos que ostentan la mayoría en el Congreso y que, ya sea para defender los intereses de constructores y comerciantes, o por motivos ideológicos, se opondrán a cualquier control estricto. Cuando aún no concluye el duelo por las víctimas, los más prudentes ya se han apresurado a advertir que "no hay que aprovecharse de la tragedia", mientras los más duros —y sinceros— no han dudado en afirmar que la única forma de evitar que se repitan las masacres en las escuelas consiste en permitir que maestros y directores lleven sus propias armas.

Casi ausente de la discusión sobre la libre venta de armas en Estados Unidos ha sido su impacto en la violencia mexicana: las 65 mil muertes de este lado de la frontera, en buena medida producidas por armas adquiridas de aquel lado, resultan ajenas y anónimas frente a los niños de Newtown. Pero el argumento de la NRA y los republicanos vuelve a ser el mismo: la Constitución les concede un derecho superior a cualquier consideración hacia sus vecinos. En el mejor de los casos, Obama conseguirá reintroducir la prohibición de armas de asalto (suspendida desde

1994) y alguna cosa más, pero en cuanto el impacto de la tragedia de la Escuela Sandy Hook empiece a disolverse lo más probable es que sus enemigos detengan cualquier medida radical. Y, en unos meses, se repetirá la rutina y un nuevo asesino volverá a disparar contra otros inocentes.

Salvo alguna cosa

Con una media sonrisa que apenas palia su incomodidad, Mariano Rajoy le dirige un guiño cómplice o aturdido a Ángela Merkel, quien lo observa de soslayo con su frialdad habitual. En teoría los dos jefes de gobierno comparecen ante la prensa para dar cuenta de los (mínimos) avances que experimenta la economía española, pero todas las preguntas se desvían hacia el último escándalo que ha estallado en la Península luego de que el diario El País publicase una supuesta lista de pagos irregulares a decenas de altos cargos del Partido Popular, entre los que se cuenta el propio Rajoy. Célebre por su carácter impenetrable y su repulsión a las respuestas directas —todo ello derivado, se dice, de su temple gallego—, éste se resiste a pronunciar siquiera el nombre de su antiguo tesorero y se limita a decir: "Lo referido a mí y a mis compañeros es falso. Salvo alguna cosa". Prudentemente, no detalla cuál.

Las redes sociales no tardan en convertir ese salvo alguna cosa en el tópico del momento mientras España prosigue su inexorable papel como nuevo —y trágico— bufón de la maltrecha Unión Europea de nuestros días, siguiendo los pasos de Grecia, Portugal e Irlanda. Imposible no sorprenderse ante la rapidez con la que esta nación pasó de ser una dictadura gris y decadente a una potencia de segundo orden —aunque en un instante de patética soberbia, José María Aznar la soñase de primero—, y la velocidad, todavía mayor, con que descendió a paria del continente.

Pocas sociedades han sufrido con mayor intensidad las turbulencias de esta subibaja social como la española, y su caso se presenta como el mejor ejemplo de lo que puede hacer bien y mal una clase política en momentos cruciales de su devenir. Más allá de las condiciones externas más o menos favorables de los años setenta y ochenta, los Tratados de la Moncloa probaron que sus dirigentes eran capaces de asumir la histórica decisión de dejar atrás su pasado autoritario para enarbolar las reglas de la democracia. Aunque no sin amenazas como el intento de golpe del 23 de febrero de 1981, a continuación el gobierno socialista de Felipe González presumió la visión necesaria para colocar a España en el centro de la Unión Europea, otorgándole la estabilidad —y el ánimo público— para asumirse como una nación próspera.

Desgastados por su largo acomodo en el poder, los socialistas fueron desalojados por la derecha de Aznar, quien a su vez supo aprovechar todas las ventajas que había heredado, aunque sin considerar siquiera los peligros de un endeudamiento excesivo, una gasto público monstruoso o las excentricidades de los cada vez más desbalagados gobiernos autonómicos. Durante más de una década España dilapidó todos sus recursos —en especial los capitales que llegaban desde Alemania—, al tiempo que sus habitantes adquirían hipotecas a diestra y siniestra, impulsados por una fiebre alimentada por sus dirigentes. Todavía durante su primera legislatura, ganada debido a los intentos del gobierno del PP de manipular los atentados terroristas de Madrid de 2003, José Luis Rodríguez Zapatero continuó gobernando al país como si fuese el cuerno de la abundancia.

Cualquier observador atento se hubiese dado cuenta de que esos niveles de endeudamiento —y de derroche— no podrían durar para siempre, pero la clase política que había demostrado su responsabilidad en el pasado se había transformado en el ínterin en otra cosa: un grupo sólo preocupado ya por sus propios intereses. Tanto socialistas como populares se empeñaron, pues, en minimizar la catástrofe financiera del 2008. En vano. Para entonces el lugar de privilegio que España había alcanzado en el mundo había quedado atrás. Muy pronto los socialistas fueron desalojados del gobierno, la Unión Europea se hizo cargo de las cuentas nacionales y Rajoy ya no pudo hacer más que aplicar la ciega política de austeridad dictada desde Berlín.

A partir de allí, una sucesión de desgracias erosionaron por completo no sólo las instituciones, sino el ánimo del país: un desempleo que ya rebasa el 25 por ciento —más del 50 entre los jóvenes—, una monarquía acechada por los escándalos —entre la cacería de elefantes del rey y los desfalcos de su yerno—, un recesión implacable, el desmantelamiento del estado de bienestar y, ahora, las pruebas de una corrupción endémica. Si los papeles de Luis Bárcenas —el tesorero del PP entre 2008 y 2009— resultan tan lamentables, no sólo es por los sobresueldos en negro entregados a decenas de cargos del PP, sino por el nivel de descomposición alcanzado por su clase política en conjunto: mientras los ciudadanos padecen la peor crisis en medio siglo, los responsables de recomponerla se premian y evaden impuestos sin sonrojarse. La conclusión es más bien la inversa de Rajoy: lo que los papeles de Bárcenas revelan sobre los actuales dirigentes españoles —espejo de muchos de los nuestros— parece la más desoladora verdad. Salvo alguna cosa.

Historia de dos islas

"Era el mejor de los tiempos, era el peor de los tiempos; la edad de la sabiduría, y también de la locura; la época de las creencias y de la incredulidad; la era de la luz y de las tinieblas; la primavera de la esperanza y el invierno de la desesperación." El célebre inicio de Historia de dos ciudades de Charles Dickens bien podría servir hoy para referirse a dos islas cuyas vicisitudes recientes no podrían lucir más parecidas y las medidas para enfrentarlas más opuestas.

Situada en los helados confines del Atlántico, Islandia no fue poblada hasta que los primeras exploraciones vikingas arribaron a sus costas en el siglo IX de nuestra era y, tras una larga unión con Dinamarca y una breve ocupación aliada durante la segunda guerra mundial, alcanzó su independencia en 1945; de suave clima mediterráneo, Chipre presume en cambio asentamientos humanos desde el décimo milenio antes de nuestra era, y sus tierras fueron sucesivamente ocupadas por griegos, asirios, egipcios, persas, franceses, otomanos y británicos hasta su independencia en 1960, aunque desde entonces su parte norte se haya bajo el control de fuerzas turcas.

Hasta hace muy poco, la primera era conocida por su alto nivel de desarrollo, sus paisajes agrestes o imponentes —en el volcán Snaesfellsjökull sitúa Jules Verne el inicio de su Viaje al centro de la tierra—, sus aguas termales y la hospitalidad de sus poco más de 300 mil habitantes; la segunda, por su alto nivel de desarrollo, la suavidad de sus playas y la riqueza de sus sitios arqueológicos —según la leyenda, en sus mares emergió Afrodita— y la hospitalidad de su más de un millón de habitantes. Paraísos quietos y serenos, más o menos apartados de los centros de poder global, que uno jamás hubiese imaginado sometidos a las violentas crisis económicas que terminaron por azotarlos.

A partir de los noventa, las dos islas se convirtieron en dos de los más apreciados centros financieros del planeta (como proclamaban los especuladores que se instalaron en sus capitales). Si bien sus economías habían prosperado gracias a una cuidadosa supervisión de sus pequeños sistemas financieros, a partir de entonces se vieron sometidas a la ola de privatizaciones y desregulación que asoló buena parte del planeta y sus bancos se vieron transmutados en gigantes de proporciones mitológicas cuyas drásticas caídas las arruinaron por completo.

Auspiciados por políticos corruptos, ineficaces o ciegamente entregados al neoliberalismo, los banqueros locales transformaron sus negocios en emporios especulativos que manejaban miles de millones de dólares de ávidos especuladores extranjeros —ingleses y holandeses en Islandia; rusos en Chipre—, ajenos a los intereses de las islas. Inmersos en una burbuja inmobiliaria que de inmediato se volvió una burbuja de crédito, sus sistemas financieros de pronto manejaban capitales infinitamente mayores a sus productos internos brutos: los paraísos de hielo y arena habían ahora eran paraísos fiscales.

Cuando en el verano de 2008 reventó la burbuja inmobiliaria en Estados Unidos y el mundo se precipitó en la recesión que continúa hasta nuestros días, Islandia fue una de sus primeras víctimas. Sus virtuosos ciudadanos, curtidos por la aspereza del clima y su austeridad luterana, observaron con azoro como sus tres grandes bancos se precipitaban en la quiebra, arrastrando consigo toda la economía del país. Sin aprender en cabeza ajena, un lustro después Chipre se ve sumido en la misma postración.

Hasta aquí los parecidos. Porque, tras una serie de protestas sin precedentes, los ciudadanos islandeses decidieron ignorar los preceptos de la ortodoxia económica internacional, devaluaron su moneda, se negaron a pagar a los especuladores holandeses y británicos—recientemente el Tribunal de la Asociación Europea de Libre Comercio confirmó la legalidad de la medida— y prosiguieron causas criminales contra los políticos y los banqueros que los condujeron al desastre. En Chipre, en cambio, tanto la élite local como los funcionarios de la Unión Europea se las han ingeniado para operar el peor rescate posible, el cual ha contemplado la medida extrema de congelar los depósitos de los ahorradores (cuando los especuladores rusos habían emprendido ya la huida), en una suerte de "corralito" mediterráneo.

Islas como laboratorios. Islas como metáforas. Islandia como excepción, Chipre como regla. Lo peor es que lo ocurrido con esta última no hace sino demostrar que hay algo irremediablemente podrido en nuestra globalización económica, pues ninguna de estas catástrofes —que son ante todo catástrofes humanas— ha conducido a nuestros dirigentes a eliminar esos paraísos fiscales que cuando prosperan sólo benefician a los ricos y cuando quiebran sólo hunden a los más pobres. Al parecer nos ha tocado vivir en el peor de los tiempos, en la edad de la locura, en la época de la incredulidad, en la era de las tinieblas y en el invierno de la desesperación.

El maratón y la lucha

Correr. Correr sin descanso. Correr sin pausa. Correr hasta la meta. Correr aunque los músculos se te desgajen. Correr aunque tus pulmones no alcancen a llenarse. Correr aunque el esfuerzo te reviente el corazón. Correr las 25 millas —unos 42 kilómetros— que separan los llanos de Maratón, donde la armada griega ha vencido a los odiados persas, de la gloriosa Atenas. Feidípides (otras fuentes lo llaman Filípides, Tersipio, Erquio o Eucles) mira la hermosa ciudad a la distancia y, venciendo la debilidad de su cuerpo, acelera hasta donde lo esperan sus ansiosos dignatarios. νενικηκαμεν, pronuncia con su último aliento: "Hemos vencido". Y muere en el instante.

Según la leyenda griega, recreada en 1879 por el poeta Robert Browning, la carrera que hoy conocemos con el nombre de maratón estuvo siempre ligada con la victoria sobre uno mismo —y con la muerte. Yo, que siempre he odiado las largas distancias (el asma las colocaba fuera de mi alcance), siempre he sentido fascinación por los exultantes relatos de los maratonistas. Según ellos, nada se compara a ese instante de iluminación en el que, cuando el cuerpo parece haber sido doblegado por la fatiga, el corredor sigue adelante en un último arresto, animado por los aplausos de los espectadores.

En Correr, el novelista japonés Haruki Murakami ve en el maratón una filosofía de vida. "El dolor es inevitable, pero el sufrimiento opcional", escribe recordando el consejo que le dio un atleta veterano. "Digamos que empiezas a correr y te dices: esto duele, no puedo más. El dolor es una realidad inevitable, pero en qué medida puedes soportarlo es decisión del corredor. Esto resume el aspecto más importante del maratón."

No deja de ser llamativo que Tamerlán y Dzhojar Tsarnaev hayan elegido precisamente el Maratón de Boston como escenario de su venganza. Desde que se reintrodujo como parte esencial de los Juegos Olímpicos modernos, esta carrera no sólo se convirtió en una metáfora del triunfo de la voluntad sobre la carne —basta recordar a tantos agónicos atletas arrastrándose hasta la meta vitoreados por los espectadores— sino de la paz y la armonía entre los pueblos.

La elección no parece casual. Los dos hermanos eran atletas meritorios, si bien sus intereses se hallaban en los deportes más contrapuestos, si cabe, a las carreras de resistencia: la lucha y el boxeo. A diferencia de los maratonistas, cuyo objetivo esencial consiste en vencerse a sí mismos, los peleadores están obligados a imponerse a sus rivales, a quienes difícilmente dejan de ver como enemigos. Aunque sus razones aún puedan resultarnos misteriosas, Tamerlán y Dzhojar dejaron claro no sólo su odio hacia la sociedad secular y consumista que los había acogido desde niños, sino hacia ese autocontrol de los maratonistas que ellos al parecer nunca tuvieron.

A menos que se descubran más tarde otros indicios, todo indica que, a diferencia de los perpetradores de los atentados del 11 de septiembre de 2001, los hermanos Tsarnaev actuaron por su cuenta, sin vínculos estrechos con organizaciones terroristas. Chechenos étnicos, ambos llegaron a Estados Unidos desde Kirguizistán, adonde su familia había sido deportada por Stalin en los años cuarenta. De acuerdo con los reportes de la prensa, Tamerlán nunca se sintió cómodo en su nuevo país y acaso fue el responsable del adoctrinamiento de su hermano menor, un joven a quien sus compañeros de escuela consideraban simpático y algo retraído.

En principio resulta incomprensible que dos jóvenes más o menos bien integrados a la sociedad estadounidense pudiesen de pronto convertirse en terroristas. ¿Qué frustración, qué deseo de venganza o qué miedo los condujo a asesinar y mutilar a otros atletas como ellos? ¿En verdad la defensa del Islam podría servir de justificación a un crimen tan espantoso? Su desvarío quizás no se separe demasiado de esos otros asesinos solitarios que cada cierto tiempo aparecen, sin falta, en Estados Unidos. Por más que ahora se les quiera asimilar a los talibanes o los combatientes de Al-Qaeda, su ideología religiosa resulta tan vaga como los delirios de Adam Lanza, el homicida de Newtown.

Correr. Correr sin descanso. Correr sin pausa. Correr hasta la meta. Correr aunque los músculos se te desgajen. Correr aunque tus pulmones no alcancen a llenarse. Correr aunque el esfuerzo te reviente el corazón. Correr para que no te atrapen. Tras asesinar a tres personas y mutilar a decenas de inocentes, de enfrentarse a la policía y ver caer muerto a su hermano, Dzhojar Tsarnaev corre por Watertown hasta refugiarse, malherido, en un bote. El antiguo luchador jamás comprenderá que, como dijo el presidente Obama en otro de sus discursos memorables, lo que distingue al maratón no es sólo el combate del corredor contra sí mismo, sino el respeto de quienes lo contemplan. "En la milla más ardua, justo cuando creemos que nos hemos golpeado contra un muro, alguien estará allí para animarnos y levantarnos si caemos".

El ojo de Dios

Corría el mes de febrero de 1943 cuando el coronel Carter Clarke, jefe de la Rama Especial del Ejército responsable del Servicio de Inteligencia de Señales, ordenó establecer un pequeño proyecto para examinar los cablegramas diplomáticos que la embajada soviética en Washington y el consulado soviético en Nueva York enviaban a Moscú desde estaciones de radio clandestinas. Hasta entonces, Clarke había concentrado sus esfuerzos en quebrar los métodos criptográficos de alemanes y japoneses sin preocuparse por vigilar a sus aliados rusos, pero los rumores según los cuales Stalin se disponía a firmar una paz por separado con Hitler lo llevaron a cambiar de estrategia. La tarea se reveló más ardua de lo previsto: la Unión Soviética empleaba un sistema de encriptación en dos fases y sus analistas no lograron desentrañar sus mensajes hasta 1946, cuando la guerra había terminado. Los cables en ningún momento se referían a una posible negociación con los nazis, pero en cambio demostraban que la URSS poseía una formidable red de espionaje incrustada en las principales agencias del gobierno estadounidense. Si bien en 1939 la modesta Rama Especial del Ejército apenas contaba con una docena de especialistas, para 1945 empleaba ya a 150 trabajadores entre criptógrafos, analistas, lingüistas y expertos en señales de radio, y se había mudado al antiguo colegio para señoritas de Arlington Hill, en Virginia, de donde tomó el nombre con el que sería conocida hasta que en 1952 adopto su actual denominación: Agencia de Seguridad Nacional (NSA), que en la actualidad es parte del gigantesco complejo de Fort Meade, en Maryland, y para la que laboran unos 30 mil empleados.

A diferencia de la CIA o el FBI, cuyas maniobras han sido retratadas en miles de novelas y películas, la NSA se ha preocupado por escapar al escrutinio público, convertida en la más opaca de las agencias de inteligencia de Estados Unidos. Esta invisibilidad desapareció hace unos días, cuando Edward J. Snowden, un joven experto en informática, reveló que la NSA no sólo se dedicaba a capturar y descifrar información de fuentes extranjeras, potencialmente peligrosas para Estados Unidos, sino que sus herramientas tecnológicas le permitían tener acceso a todas las comunicaciones realizadas a través de las grandes empresas de comunicación, incluyendo Google, Apple, Microsoft, Yahoo!, Verizon, YouTube, Facebook y Skype.

89

De inmediato la discusión pública se ha centrado en discernir si Snowden es un héroe, capaz de sacrificar su libertad por sus ideas, o un traidor que renunció a los más elementales principios de lealtad en un arranque de orgullo. Más allá de sus intenciones, su declaración de que le era imposible vivir en un mundo constantemente vigilado debería bastar para conducir la discusión al lugar que en verdad le corresponde: la tensión entre seguridad y libertad que enfrentan todas las sociedades democráticas.

Lo cierto es que las declaraciones de Snowden no constituyen una revelación particularmente asombrosa, y más bien confirman algo que no sólo los fanáticos de la conspiración intuían desde hace mucho: que, con las armas tecnológicas actualmente disponibles, los gobiernos son capaces de inmiscuirse en cualquier comunicación llevada a cabo en el orbe. Los detractores de Snowden, incluidos numerosos miembros de la administración Obama, se empeñan en señalar que los programas de espionaje de la NSA no son ilegales y que ésta sólo lleva un inventario de los intercambios electrónicos sin inmiscuirse en su contenido. Explicación fútil, pues es claro que si la posee esa base da datos con nuestros mensajes y llamadas no es para hacer estadísticas, sino para buscar indicios de actividades ilegales.

Al filtrar algunos detalles del programa PRISM, Snowden ha exhibido la desfachatez con la cual las grandes empresas tecnológicas y el gobierno estadounidense se han aliado para controlar a sus usuarios sin conocimiento de éstos. Nadie duda que irrumpir en la vida privada pueda prevenir diversos delitos —o descubrir actos de espionaje, como los del círculo de Washington hallado por Clarke y sus criptógrafos—, pero esta intrusión en la intimidad, sin una orden judicial explícita, constituye una temible violación a nuestros derechos. Más escandalosa que el odio de la administración Obama hacia los delatores —Manning, Assange, Snowden, etc.—, es la encuesta del Washington Post y el Pew Center según la cual el 56% de los estadounidenses aceptan que la NSA lleve un inventario de sus comunicaciones. Lo peor que puede ocurrirle a una democracia es que sus ciudadanos renuncien voluntariamente a su libertad o su privacidad porque el gobierno los ha convencido de que sólo así pueden sentirse a salvo. Hoy abundan las analogías simplonas con 1984, pero en este sentido la comparación no es absurda: la victoria del Gran Hermano no ocurre cuando un régimen decide vigilar sin tregua a sus ciudadanos, sino cuando éstos lo consideran normal.

Los persas

Según cuenta Heródoto en sus Historias, en el año 480 antes de nuestra era el cuarto emperador de los persas, Xerxes el Grande, reunió uno de los ejércitos más numerosos de que se tuviera noticia y se dispuso a conquistar Grecia en represalia por el apoyo proporcionado por espartanos y atenienses a la rebelión de las ciudades jonias. Tras la batalla de las Termópilas —estilizada en el cómic 300 de Frank Miller y retomada en la burda película de Zach Snyder—, en la cual un pequeño grupo de heroicos soldados comandado por Leónidas, rey de Esparta, resistió el avance enemigo antes de ser aniquilado, los persas parecían encontrarse en una situación idónea para acabar definitivamente con sus rivales.

Víctima de la hubris —al menos según la versión de Esquilo en Los persas— Xerxes no tuvo empacho en incendiar Atenas y prosiguió su avance por mar y por tierra, indiferente al odio que concitaba entre sus nuevos súbditos. En contra de todas las predicciones, su enorme flota fue destruida por las naves de Temístocles en la batalla de Salamina, y posteriormente su armada volvió a sufrir estrepitosas derrotas en Platea y Micale. Aunque los griegos se preciaban de haber terminado con la amenaza persa de esta forma, los historiadores modernos juzgan que en realidad las hostilidades terminaron de manera negociada con la llamada Paz de Calias.

Desde esos lejanos tiempos, los persas quedaron dibujados no tanto como bárbaros, sino como miembros de una civilización misteriosa y ajena, caracterizada por sus ritos incomprensibles y su boato decadente, imposible de ser asimilada conforme a nuestros patrones. Para los griegos, Persia se convirtió en una obsesión y en un enigma, un lugar agreste frente al cual no podía sentirse sino desconfianza y temor. No deja de asombrar que dos mil quinientos años después el "mundo occidental" continúe teniendo la misma imagen de Irán, la potencia sucesora de la antigua Persia.

Convertida al Islam en el sigo VII de nuestra era, esta nación nunca dejó de defender un carácter particular dentro del orbe islámico —la fe chií y una lengua y una literatura propias—, distanciándose tanto de los modelos europeos como de sus vecinos árabes. Férreamente independientes, durante los siglos IX y X los iraníes desarrollaron una de las culturas más vibrantes de la historia, plena de avances científicos y artísticos, y en realidad nunca fueron dominados directamente, excepto por unos años durante la segunda guerra mundial a manos de británicos y rusos.

Aun así, la mutua incomprensión ha prevalecido siempre en las relaciones entre Occidente e Irán. Más cerca de nosotros, Estados Unidos inauguró su temple imperial al organizar el golpe de estado contra el Dr. Mohammed Mossaddeq, el primer ministro nacionalista, democráticamente elegido, que había comenzado a modernizar el país y había decretado la nacionalización del petróleo. Desde entonces, como en tantos otros lugares (piénsese en Bin Laden), la CIA se encargó de crear a los propios monstruos que terminarían por amenazarlo.

Estados Unidos no dudó en apoyar el régimen cada vez más autoritario del shah Mohammed Reza Pahlavi, el cual sobrevivía gracias al todopoderoso SAVAK, uno de los servicios secretos más cruentos de la época. Aun así, el descontento popular culminó en una revuelta que envió al shah al exilio —durante unos meses en Cuernavaca— y entronizó como líder supremo de la República Islámica a Ruhollah Jomeini, quien instauró una auténtica teocracia que en mucho recuerda al poder absoluto que disfrutaron Xerxes o Darío.

Nadie duda que el régimen islámico, con su férreo dogmatismo y su antisemitismo militante, es uno de los sistemas políticos más anacrónicos del planeta, pero los prejuicios que desde hace siglos cargamos contra los antiguos persas no deben cegarnos frente a una sociedad mucho más compleja y refinada que su gobierno y que no merece ser caracterizada como parte del Eje del Mal. Como ha quedado demostrado, cada vez que Estados Unidos se ha alzado soberbiamente contra Irán — como cuando alentó al Irak de Saddam Hussein a derrocar a Jomeini—, el resultado ha sido catastrófico.

En los últimos años, la presión de Occidente contra los reformistas culminó en la elección del ultrarradical Mahmud Ajmadineyad, quien no sólo se caracterizó por sus histéricas salidas de tono, sino por ser el artífice del fraude electoral de 2009 que provocó numerosas protestas cívicas. La elección del clérigo moderado Hassan Rohaní, con más del 50 por ciento de los votos, da cuenta de que la sociedad iraní ha decidido dar un drástico giro a su política. En contra de todas las predicciones, hoy se ofrece una posibilidad de un diálogo menos crispado entre Irán y Estados Unidos sobre su programa nuclear y otros temas sensibles, como Siria. Esperemos que en esta ocasión los ancestrales prejuicios entre persas y occidentales no se resuelvan en otra batalla, sino en un acuerdo negociado como la Paz de Calias.

Mañana de carnaval

Aunque movimientos semejantes habían comenzado a producirse por doquier en los meses previos, nadie imaginaba que el país —modelo de estabilidad en América Latina— pudiese verse contaminado por la rebelión. Además, todo el mundo estaba demasiado concentrado en preparar la justa deportiva como para preocuparse por nimiedades. Incluso, cuando a principios del verano iniciaron las primeras manifestaciones, brutalmente desmanteladas por la policía, los políticos locales se negaron a ver en ellas otra cosa que disturbios pasajeros que no tardarían en ser controlados. Hasta que la represión dio lugar a nuevas manifestaciones que volvieron a ser reprimidas en una espiral que culminaría el 2 de octubre con la masacre de centenares de estudiantes en la Plaza de las Tres Culturas.

Un sinfín de elementos separa las protestas ocurridas en México en 1968 de las que estos días se suceden en Brasil —no en balde han pasado 45 años—, pero aun así no deja de sorprender que ocurran poco antes de que el gigante sudamericano esté a punto de convertirse en el centro de atención del planeta con motivo del Mundial de Futbol y de los Juegos Olímpicos. Como sabemos, en este nivel el deporte jamás es sólo el deporte, sino un escaparate para que el anfitrión se desnude frente al mundo.

En el México de los sesenta, el gobierno creyó ver en la Olimpíada la oportunidad de presumir nuestros progresos: de allí que estuviera dispuesto a hacer lo que fuere para que nada la empañase. Desde hace años, Brasil no se ha cansado de promoverse como nueva potencia planetaria, al lado de China, Rusia e India, y su hasta ahora popular gobierno de izquierda quiso ver en las competencias la confirmación de su fuerza económica y política. Por desgracia, lo que inevitablemente ocurre en estos casos —y aquí la analogía con México vuelve a funcionar— es que, cuando todas las energías de un país se vuelcan en una operación de relaciones públicas y negocios privados tan apabullante como ésta, las desigualdades y problemas sociales nunca resueltos se tornan de pronto más visibles y chocantes.

Quizás haya pocos elementos en común entre los rebeldes mexicanos de los sesentas —atenazados por las pugnas ideológicas de la Guerra Fría y el autoritarismo priista, animados por el rock'n'roll, la contracultura y

97

el espíritu pacifista de los jipis—, y los rebeldes brasileños de nuestros días —articulados esencialmente a partir de las redes sociales—, pero los emparienta el drástico rechazo a que sus dirigentes empeñen todos sus recursos en satisfacer a los mercados y a la opinión pública internacional mediante el derroche deportivo cuando asuntos más urgentes —la falta de democracia en el México del 68; la inequidad que persiste en el Brasil de hoy— continúan sin ser resueltos o, peor, son deliberadamente enmascarados en aras de exponer una imagen impoluta ante las cámaras.

Frente al desafío de los estudiantes mexicanos, Díaz Ordaz optó por la violencia que culminó en Tlatelolco. Dilma Rousseff, víctima ella misma de la represión de esas épocas, ha querido ofrecer el talante opuesto, reconociendo la validez de las protestas y satisfaciendo rápidamente algunas de sus demandas —por ejemplo, al detener el alza en los transportes—, e incluso pretendió dar un salto adelante al proponer un congreso constituyente capaz de renovar las estructuras del país, pero ni así ha logrado contentar a los jóvenes que abarrotan las calles de Brasil (y que, paradójicamente, tanto se parecen a quien era ella décadas atrás), y sólo ha cultivado el unánime rechazo de la oposición. A los analistas internacionales les encanta señalar que ninguna ideología concreta parece animar a los rebeldes brasileños, pero en el México del 68 sucedía lo mismo: sólo un pequeño grupo se identificaba con el comunismo, de la misma forma que hoy sólo unos cuantos albergan ideas radicales derivadas de los movimientos antiglobalización. Como entonces, buena parte de la sociedad brasileña ha salido a las calles para exhibir su repudio no a ciertas medidas de un régimen que en general se ha caracterizado por su combate a la pobreza —de allí el lema "no se trata de 20 centavos"—, sino a un sistema global que, incluso con gobiernos de izquierda, no cesa de privilegiar a los intereses de los grandes capitales. Por eso la reacción de Rousseff no ha encontrado demasiada simpatía entre los manifestantes: muy a su pesar, ella ya no es la guerrillera idealista de su juventud, sino parte de un "complejo económico-turístico-industrial" que, como se ha visto, en realidad no controla.

Aunque pérfidamente derrotada en Tlatelolco, la protesta mexicana del 68 terminó por inducir algunos de los cambios democráticos más importantes de México. Al menos debemos esperar que la protesta brasileña —como antes el 11-M y Occupy Wall Street o en estos días la revuelta turca— contribuyan a trastocar un modelo que, escudándose en su carácter democrático, no ha dejado de estar al servicio de unos cuantos.

Perorata del apestado

Decidido a mostrarse impecable —e implacable—, Luis Bárcenas luce el mismo traje gris rata que lo distinguió en sus anteriores comparecencias y, gracias a un permiso especial, usa la corbata que le ha prestado su abogado a fin de conseguir una apariencia más elegante, más decente. Según reportan testigos presentes en la sala, a lo largo de tres horas y media el imputado ni siquiera se detiene a beber un sorbo de agua, como si no pudiese dejar de hablar, azotado por una repentina verborrea, o como si toda la furia que ha acumulado en las últimas semanas en la prisión de Soto del Real sólo pudiera drenarse mediante este testimonio que es, por encima de todo, una quema de naves.

Ni qué dudarlo: Bárcenas se siente traicionado por sus antiguos compañeros de Partido, esos líderes a los que con tanta energía contribuyó a aupar al poder, y ahora no está dispuesto a servirles como vulgar chivo expiatorio. "Si caigo", parece murmurar entre dientes conforme desgrana los detalles de la contabilidad paralela que llevaba como tesorero del Partido Popular, "todos vosotros caeréis conmigo". Por ello apenas respire; si bien, como viejo lobo que es, no deja de intercalar pausas y silencios, reservándose información preciosa para vistas ulteriores, y se regodea al pronunciar los nombres de sus antiguos jefes: el de la secretaria María Dolores de Cospedal y, sobre todo, el del presidente del Gobierno, el impasible Mariano Rajoy.

Sinuoso y viperino, Bárcenas reconoce, tras haberlo negado cínicamente en el pasado —incluso llegó a forzar su escritura para una prueba dactiloscópica—, que las notas manuscritas publicadas semanas atrás por El País en efecto son de su autoría y no sólo prueban la existencia de una "contabilidad b" del Partido, sino los sobresueldos que le pagaba a un sinfín de dirigentes populares, incluidos Cospedal y Rajoy, en billetes de 500 euros, sin que éstos tuviesen que firmar recibo alguno. Además, también confirma que los mensajes de texto revelados por El Mundo son auténticos y muestran como Rajoy se mantuvo en contacto con él y su familia incluso cuando ya había sido indiciado. Culminada su comparecencia —su monólogo shakespeareano, más plagado de amenazas que de pruebas—, pide volver a su celda en Soto del Real para seguir rumiando su vendetta.

En medio de la avalancha de casos de corrupción que han salido a la luz tras la quiebra española de los últimos años —del caso Gürtel, en el que también estuvo implicado el extesorero del PP, a Iñaki Undagarín, el yerno del rey, pasando por decenas de empresarios, políticos y banqueros—, el affaire Bárcenas debería ser visto, más que como un colofón o un extremo, como la constatación de una desoladora normalidad. Del mismo modo que las declaraciones de Edward Snowden no hicieron sino reafirmar nuestras sospechas sobre la capacidad de Estados Unidos para intervenir todas las comunicaciones del planeta, la ordalía de Bárcenas certifica la colusión de los intereses económicos y políticos que prevalece entre nuestras élites —en especial, vaya a saberse por qué, en las naciones de origen latino. La corrupción, pues, no como una práctica excéntrica o una lacra propia de nuestras impacientes sociedades, sino como la regla que impera por doquier en un modelo en el que prevalece un pacto de silencio entre los políticos, sin importar el partido en el que militen, al margen del interés público.

En este esquema, la Italia de Berlusconi o la España de Rajoy, que tanta vergüenza han hecho caer sobre Europa, otra vez no resultan rarezas aborrecibles, sino modelos habituales en las ostentosas democracias de nuestro tiempo. El que los innumerables escándalos de Il Cavaliere apenas hayan disminuido su cosecha de votos y el que, culminados los desplantes de Bárcenas, los españoles muy probablemente volverían a votar al Partido Popular si se llegasen a convocar elecciones anticipadas, demuestra que la corrupción se haya en el centro mismo de nuestro sistema y que su desvelamiento no sirve más que para desatar una indignación tan pasajera como inocua.

Frente a este estado de cosas, uno entiende mejor la rabia o la amargura de figuras como Bárcenas —o Iñaki Undagarín, o Elba Esther Gordillo, o Andrés Granier—, puesto que a sus ojos no hicieron más que preservar las reglas del juego, igual que sus nuevos detractores e inquisidores. Contaminadas por la avaricia propia del capitalismo avanzado, nuestras democracias necesitan de chivos expiatorios que hagan pensar a los ciudadanos que los bandidos incrustados en su seno son una perversa minoría, pero éstos han de ser elegidos con cuidado: histriones que, a cambio de promesas o amenazas, estén dispuestos a respetar la omertà y a no denunciar a sus antiguos patrones. Para desgracia del PP en España, el airado Bárcenas parece ser de los pocos que han optado por no hundirse solos.

El lapsus del prócosul

Un desliz. No una estrategia deliberada, ni una argucia diplomática, ni un engaño geopolítico. Un simple y llano desliz. En otras palabras, un error de cálculo. Un "argumento retórico", según su protagonista, capaz de torcer por completo la política y la imagen de su país. Y no cualquier país: Estados Unidos, la —tal vez justo hasta ahora— única potencia global. Un desliz que, al menos de momento, detuvo el bombardeo de Siria y puso en entredicho, si no de plano en ridículo, a su jefe, el presidente Barack Obama.

Desde mediados del siglo xix se esparció la idea, sostenida con especial énfasis por Thomas Carlyle, de que son los héroes —de Jesús y Mahoma a César y Napoleón— quienes hacen la Historia, sólo para que el gran Liev Tolstói se burlase de ellos en Guerra y paz, mostrando cómo esos "grandes hombres" son incapaces de articular el comportamiento de las masas. Hoy constatamos que Tolstói se equivocaba en lo que respecta a los errores: si un solo individuo, por poderoso que sea, jamás conseguiría trastocar la Historia de forma voluntaria, un solo yerro puede lograr que ésta se vuelva en su contra.

Pensemos en Günter Schabowski, el efímero jefe del Partido Comunista de Berlín Oriental cuando, la tarde del 9 de noviembre de 1989, afirmó en una conferencia de prensa que la posibilidad de pasar de Alemania Democrática a Alemania Federal en viajes privados era posible "de forma inmediata" —otro lapsus memorable—, provocando la caída del Muro de Berlín esa misma noche. O en el hierático secretario de Estado John Kerry quien, para salir del paso a la pregunta de un reportero, sostuvo que el régimen de Bachar el-Asad podría salvarse del inminente ataque estadounidense si se comprometía a entregar todas sus armas químicas a la comunidad internacional. "Aunque", añadió confiado, "no lo va a hacer y no se puede hacer".

¿Error de cálculo? ¿Improvisación? ¿Falta de tablas? No pasaron ni unas horas antes de que el astuto ministro de Exteriores ruso, Serguéi Lavrov, le tomase la palabra a Kerry y propusiese un plan de desarme, rápidamente adoptado por Asad como última salida para evitar la destrucción de su arsenal bélico. El desliz de Kerry —que, si la situación no fuese tan grave, alcanzaría tintes de comedia— provocó que la decisión de Obama de atacar a Siria en represalia por el uso de gas sarín perdiese los escasos apoyos que aún le quedaban tanto entre los republicanos del Congreso como entre sus aliados europeos (baste recordar la pifia paralela del primer ministro británico David Cameron al perder la votación en la Cámara de los Comunes.)

De un modo u otro, lo cierto es que Obama se había colocado en una posición imposible. Tras dos años de guerra civil en Siria, en la que se cuentan miles de víctimas y cientos de miles de refugiados, Estados Unidos se había negado a intervenir, permitiendo que un variopinto grupo de rebeldes se enfrentase cada vez con menores posibilidades de éxito a las tropas del régimen. Hasta que Obama —¿en otro desliz?— decidió imponerle una línea roja a Asad: si éste llegaba a usar armas químicas, no dudaría en emplear la fuerza en su contra. Como suele ocurrir, el ultimátum apenas tardó en revertirse contra su impulsor: una vez que Estados Unidos afirmó que el gobierno sirio había empleado armas químicas en un barrio de Damasco, a Estados Unidos no le quedaba otro remedio que intervenir.

Para entonces, todos los escenarios se habían tornado negativos para los intereses norteamericanos. Un ataque sin el aval de Naciones Unidas o la Liga Árabe no haría más que enturbiar aún más su imagen en la zona, y podría generar consecuencias devastadoras: la muerte (casi inevitable en estos casos) de numerosos civiles o, peor aun, la caída de Asad y el triunfo de un partido integrista, mucho más dañino para Estados Unidos e Israel que la dictadura laica del hachemí. Por otra parte, la falta de respuesta a la provocación siria sería vista como una muestra de debilidad —el réquiem por la última superpotencia— por parte de Irán, Rusia y China.

Atrapado en su propio laberinto, Estados Unidos terminó por elegir el menor de los males y, aun a riesgo de mostrarse vacilante —Obama en Elsinore—, decidió apoyar el plan de Vladímir Putin, quien de pronto acabó convertido en un improbable adalid de la paz. Imposible saber si a la postre Asad cumplirá sus promesas, pero ha ganado un tiempo valiosísimo. Los otros beneficiados por la maniobra han sido Rusia y China, que han visto fortalecidas sus aspiraciones globales, así como Israel, que ha conseguido mantener el equilibrio destructor entre sus dos odiados rivales: Asad y los islamistas. Si al final Siria llegase a entregar su arsenal químico sin el uso de la fuerza, incluso Obama podría salir fortalecido. Pero, si los días de Estados Unidos como policía mundial no se han erosionado por completo por los desastres de Irak y Afganistán, el desliz de Kerry le ha hecho sufrir un golpe que podría parecer definitivo.

El yudoca y el canario

Con su voz tersa y oscura, el primero lleva años encandilando al resto del mundo —y a la mitad de sus compatriotas— con sus trinos a favor de la igualdad y en contra de la discriminación o su inspiradora lucha personal; el segundo, en cambio, ha terminado sin falta dibujado como nuestro villano prototípico: agente secreto reconvertido en falso demócrata, atleta exhibicionista y, para colmo, artero perseguidor de sus rivales. Hasta hace poco, la narrativa central de nuestra época no admitía vacilaciones: Barack Obama como el único líder capaz de devolvernos la esperanza y Vladímir Putin como encarnación viva de los tiranos del pasado.

Tal vez los estereotipos no escapen del todo a los hechos pero, si nos obstinamos en asentar el rasgo más relevante de este 2013, quizás no deberíamos fijarnos en el jesuita disfrazado de franciscano o en el adalid de la trasparencia cobijado por quienes más la combaten, sino en el cambio de percepción en torno a los dos hombres más poderosos de nuestro tiempo. Porque, sin duda, este año ha sido uno de los peores en la carrera del presidente estadounidense y uno de los mejores en la del ruso.

Cuando Obama obtuvo la reelección nos hizo creer que su histórico "sí se puede" al fin podría verificarse; que su lucha a por un sistema de salud universal en Estados Unidos se convertiría en una realidad; que su Premio Nobel de la Paz lo predispondría contra toda tentación bélica y que su retórica en torno a la responsabilidad pública habrían de vencer todos los obstáculos, en especial los representados por la antediluviana oposición del Tea Party, para dar paso a una auténtica transformación de la política global.

A lo largo de los últimos meses, estas ilusiones se han venido abajo: si bien Obama logró defender con las uñas su reforma sanitaria, su puesta en práctica se ha resuelto en un sonoro desastre; sus ataques con drones, realizados con una escandalosa opacidad, han supuesto una cifra incalculable de víctimas civiles; tras años de indiferencia frente a la guerra civil siria, se obstinó en lanzar un ataque contra el régimen de AlAssad sin el apoyo de Naciones Unidas —como Bush Jr. con Irak—; y, a partir de las revelaciones de Edward Snowden, aparece como el responsable del mayor plan para vigilar a todos los ciudadanos del planeta. (Y, en el caso mexicano, habría que añadir las miles de expulsiones de inmigrantes que ha ordenado)

En el extremo opuesto, al inicio del año la imagen de Vladímir Putin no podía resultar menos favorable: luego de suprimir violentamente las protestas tras su cuestionada reelección como presidente, cerró aún más los espacios para la disidencia; encarceló sin recelos a sus opositores, entre ellos a las integrantes de Pussy Riot; se negó a liberar al oligarca Mijaíl Jodorkovski pese a que su condena había expirado; y, por si fuera poco, encabezó una sórdida campaña contra los homosexuales. Sin embargo, valiéndose de una astucia ilimitada, durante la segunda mitad de este año articuló una campaña que en buena medida ha logrado revertir su pésima reputación.

Primero, se aprovechó de un desliz de John Kerry, el secretario de Estado norteamericano, y se atrevió a impulsar el diálogo entre el régimen sirio y la comunidad internacional sobre el uso de armas químicas, conjurando la posibilidad de una nueva intervención militar en Oriente Próximo; luego, apoyó enfáticamente las conversaciones de Ginebra entre las potencias occidentales y el gobierno iraní; a continuación, se atrevió a ofrecerle asilo a Snowden —el quebradero de cabeza de Obama—; y, en un movimiento inesperado, concedió amnistía a varios presos políticos, entre ellos a su odiado Jodorkovski y a las Pussy Riot. Lo ocurrido este año no significa que el presidente estadounidense se haya convertido en el gran villano de nuestra era o que el ruso, sin jamás acercarse a la condición de héroe —aunque hoy sus méritos para el Nobel de la Paz parezcan superiores a los de su némesis—, haya conseguido lavar su rostro autoritario para siempre. Pero en esta suerte de nueva guerra fría que libran las dos potencias (frente a la sigilosa mirada de China), Putin ha recuperado un amplio margen de maniobra en el escenario mundial al tiempo que Obama luce paralizado dentro y fuera de su país. Por más que pueda tratarse sólo de una percepción —recordemos que en política la imagen lo es casi todo—, 2014 se abre como un año mucho más favorable para el yudoca que para el canario.

El túnel del tiempo

Una extravagante lógica nos impulsa a creer que las naciones se hallan destinadas al progreso, que la línea de la Historia conduce de un pasado de barbarie a un porvenir civilizado, que poco a poco los individuos ganan nuevos derechos y que muy pronto el orbe se acercará a una utopía de libertad y justicia. Por más que guerras y genocidios nos desmientan, nos resistimos a dejar atrás esta ilusión. Quizás por ello sorprenda tanto que un país que en tiempo récord dejó atrás una tiranía, tramó una admirable negociación entre sus facciones, se encaramó en un vertiginoso ascenso económico y se abrió como pocas a la tolerancia y la diversidad, hoy sea capaz de retroceder en todos estos rubros a una velocidad mucho mayor.

A la muerte de Franco, España acarreaba un sinfín de patrones autoritarios, sus regiones parecían volcadas a una fuga paralela a la de Yugoslavia, la Iglesia y el ejército continuaban como poderes dominantes y la democracia se abría paso con timidez en el anacrónico sistema dinástico heredado por el Caudillo. Y, sin embargo, las fuerzas cívicas desatadas en la Transición lograron imponerse para generar una de las sociedades más dinámicas y ejemplares de los últimos decenios.

Entre 1983 y 2009, los diversos grupos políticos parecían haberse puesto de acuerdo sobre el modo de conducir a España hacia los más altos niveles de vida, no sólo de la Unión Europea —el motor que la impulsaba—, sino del planeta. En lo que hoy luce como un parpadeo, la monarquía recobró su prestigio como garante de la estabilidad institucional, el sistema autonómico logró conservar la unidad territorial —pese a las amenazas del terrorismo vasco—, los sectores clericales fueron arrinconados y una inesperada riqueza alentó un crecimiento sin precedentes.

En medio de esta euforia, España se atrevió a presentarse de nuevo como potencia global —algo inédito desde el siglo XXVII—, fuese como líder de una pujante comunidad de 400 millones de hispanohablantes, fuese a través de los exabruptos de Aznar en los noventa. Como fuere, los signos del progreso fueron acompañados por un gran salto adelante en materia de derechos y, tras una primera norma de 1985, en 2010 una importante mayoría secundó las leyes que permitían el aborto (en un avanzado sistema de plazos) y el matrimonio homosexual.

Por desgracia, ese mismo año las marejadas del crash estadounidense arribaron a las costas de la Península y estas ilusiones se decantaron en pesadilla. El endeudamiento de la banca, sumado a la burbuja hipotecaria, barrió millones de empleos (y esperanzas). Ahogada por la inmovilidad del euro y la austeridad decretada en Berlín, en estos cuatro años España se convirtió en un zombi: un muerto viviente que hoy no hace sino lamentarse de sus pérdidas. Pero lo más desasosegante es que la crisis puso en evidencia que los acuerdos de la Transición no resistieron el fin de la bonanza. La monarquía, celosamente blindada, exhibió su honda corrupción; el sistema autonómico hizo aguas, de modo que hoy la Península se halla tan cerca de desmembrarse como a fines del siglo xviii; la clase política ha alcanzado el culmen de su desprestigio; y, como si se tratara de la más ominosa metáfora del deterioro general de una nación, las reformas sociales de los últimos años están a punto de ser echadas por la borda.

Cuando los electores le dieron la mayoría absoluta al PP para castigar el pésimo desempeño económico de los socialistas, no calcularon que sus miembros la aprovecharían para cumplir su anhelo de devolver a España al pasado en términos de moral pública. Así es como el PP no dudó en presentar una iniciativa para penalizar el aborto que no sólo retrotrae los derechos de las mujeres a antes de 1985, sino que las coloca bajo una tutela externa sin parangón en casi toda Europa (peor, incluso, que en México).

La retórica de la propuesta hace pensar que atravesamos el túnel del tiempo para situarnos en pleno franquismo. No sólo bloquea del todo la posibilidad de que una mujer aborte voluntariamente, sino que se elimina el supuesto de malformación del feto y sólo admite la interrupción del embarazo si se pone en riesgo la salud física o mental de la mujer, previo dictamen de dos facultativos (en un sistema disciplinario de raigambre medieval).

Si valiéndose de su mayoría absoluta el PP sanciona esta norma, será el mayor símbolo de que una sociedad puede retroceder en el tiempo, dejando atrás no sólo sus conquistas sino su memoria.

Muertes ejemplares

Sus muertes eran tan anticipadas que sus obituarios circulaban desde hacía meses en todas las redacciones del planeta. La avanzada edad del primero no ofrecía demasiadas esperanzas sobre su recuperación, mientras que el segundo llevaba ocho años en coma. A la postre, fallecieron con semanas de diferencia: Nelson Mandela el 5 de diciembre de 2013 y Ariel Sharon el 11 de enero de 2014. Para bien o para mal, ambos representan dos de las experiencias políticas más significativas de la segunda mitad del siglo XX. Que los funerales del líder africano sirviesen para que presidentes y ministros se pavoneasen a su alrededor, mientras que el militar israelí apenas recibió unas apresuradas condolencias, no sólo ofrece una evaluación de sus carreras, sino otra prueba de cómo en nuestros días el espectáculo pesa más que el examen histórico.

¿Algo emparienta a estas dos figuras que hoy parecen hallarse en extremos opuestos, de un lado el prócer humanitario que acabó con el apartheid y del otro el halcón responsable de las muertes de miles de víctimas civiles? Aunque nacidos con una década de diferencia (Mandela en 1918 y Sharon en 1928), ambos fueron protagonistas centrales en épocas especialmente turbulentas y al final se transformaron en líderes pragmáticos que dejaron atrás sus convicciones para conseguir sus objetivos. Otra vez: que el triunfo incontestable de Mandela contraste con el fracaso de Sharon —debido en última instancia a su accidente cerebrovascular—, comprueba que a veces sí son las grandes figuras históricas quienes alteran el destino de sus pueblos.

El camino inicial de ambos estuvo ineludiblemente ligado con la violencia. Desde joven, Mandela padeció la atroz discriminación aplicada por el gobierno sudafricano y, tras una primera etapa de resistencia pacífica, se acercó al partido comunista y a las ideas de Mao y el Che, y eligió el uso de la fuerza. En los sesenta, alentó la creación del grupo MZ, el cual participó en decenas de atentados. El futuro pacifista creía que sólo con esta presión sus rivales se sentarían a negociar y, si bien establecía que debían evitarse las muertes de civiles, declaraba que, de no funcionar, el terrorismo se volvería inevitable.

En ese momento Mandela fue arrestado y enviado las prisiones de Robben Island, Pollsmoore y Victor Verster. A lo largo de 27 años no sólo prosiguió su lucha, sino que volvió a encontrar la energía para buscar el fin negociado del apartheid y la senda hacia la reconciliación nacional. Su liberación en 1990, los acuerdos con De Klerk y su elección como presidente en 1994, lo mostraron como ese nuevo tipo de líder, a la vez sabio, humilde y popular, que sería hasta su muerte. Mandela sin duda es un modelo, pero no por una ejemplaridad sin tachas (nunca fue Gandhi), sino por su capacidad de transformarse —y de transformar a Sudáfrica en el proceso.

Como Mandela, Sharon desde joven participó en las batallas para conseguir que su pueblo tuviese un estado. Muy pronto se convirtió en uno de los militares más admirados de su patria, al tiempo que su actuación recibía severas críticas por su desprecio a los derechos humanos. Fuese en la Guerra de Suez, en la de los Seis Días o en la de Yom Kippur, los triunfos bélicos y las acusaciones no cesaron. Peor: como ministro de Defensa durante la guerra del Líbano se produjeron las masacres de Sabra y Shatila, en las que miles de mujeres y niños fueron asesinados por las falanges cristianas ante la indiferencia del ejército israelí, e incluso una comisión gubernamental lo encontró culpable de negligencia.

No sería hasta que fue elegido primer ministro, en 2001, que el viejo guerrero halló una nueva estrategia hacia el "problema palestino". En contra de su gobierno, decretó la salida unilateral de sus tropas de la franja de Gaza y, poco antes del infarto, se preparaba para hacer algo semejante en Cisjordania. A diferencia de Mandela, jamás sabremos si esta mutación fue un cambio auténtico o pragmático, pero refleja que hasta alguien como él se daba cuenta del fracaso de la política israelí hacia Palestina.

En los violentos siglos XX y XXI, Mandela y Sharon son dos extremos que no debemos olvidar: el antiguo guerrillero que alcanzó la reconciliación de su patria y el brutal estratega que ni siquiera pudo avanzar en el proceso de paz con los palestinos. Sus muertes quizás iluminen sus esfuerzos: la lenta y silenciosa partida de Sharon frente al bullicio de Mandela.

Estado de emergencia

Decir que la nación se halla dividida o ferozmente enfrentada es, además de una obviedad, una slida fácil. En efecto, de un lado están los chavistas fanáticos —difícil imaginar maduristas—, que se solazan en mil variaciones de la teoría de la conspiración: los otros son por fuerza fascistas, enemigos del pueblo, topos de la CIA, traidores que deben ser condenados de manera expedita. Y del otro lado se encuentran, por supuesto, los antichavistas fanáticos: quienes antes aborrecían al líder no por su deriva autoritaria, sino porque detestaban a cualquier gobierno que renegase de su ortodoxia financiera o porque no toleraban su popularidad, y ahora ven en Maduro a un títere manipulado desde ultratumba.

Pero, insisto, decir que hay dos bandos enemigos, con radicales en uno y otro, resulta anodino. Olvidémonos pues de los izquierdistas irredentos que defenderán a Maduro haga lo que haga; y olvidémonos, a la par, de los ultras de derechas —y muchos de sus aliados liberales— que no le reconocerán un solo mérito a Chávez por una alergia visceral hacia su figura. Y concentrémonos en lo que de verdad está pasando en Venezuela: un país sometido a un estado de emergencia que no ha hecho sino acentuarse con cada nueva medida tomada por Maduro, un hombre sin la astucia política de su mentor.

Si, como ha señalado Giorgio Agamben a partir de las ideas de Carl Schmitt, el estado de emergencia en el que un individuo o un grupo se desembaraza de la legalidad para hacerse con poderes extraordinarios que les permitan enfrentar una "grave crisis" se ha vuelto el sello de nuestra época, Venezuela —y sus aliados— lo han conducido al extremo. Imbuido con la idea de que el antiguo régimen no hizo otra cosa sino explotar a las mayorías, el chavismo ganó su legitimidad en las calles, y luego en las urnas, a fuerza de desacreditar a las viejas instituciones democráticas, mostrándolas como los instrumentos usados por la oligarquía para preservar sus privilegios. Aunque parte de éste análisis fuese certero, a partir de entonces Chávez no cesó en su empeño de desvalijar a la democracia desde el consenso, asumiendo que las votaciones que ganó, al menos hasta su penúltimo intento, le permitirían arrogarse la tarea de combatir, como los antiguos dictadores romanos, todas las amenazas que se cerniesen sobre la república bolivariana.

El fallido —y torpe— golpe de 2002 no hizo sino confirmar su paranoia: en efecto, la ultraderecha conspiró en su contra y lo apartó de la presidencia por la fuerza. Una vez que Chávez recuperó el poder, ya no había marcha atrás: el estado de emergencia se volvería permanente y sólo él, provisto ahora con esa legitimidad secundaria generada por su regreso, podría salvar al país de sus enemigos. Más allá de la retórica bolivariana, de eso se trataba: de erigirse en el único prócer de la nación. Hasta que lo consiguió.

En esta lógica, Chávez aún logró convertirse en un émulo del Cid cuando, postrado y moribundo, consiguió que el líder opositor Enrique Capriles reconociese su postrera victoria. El poder puede heredarse; el carisma, no. Y Maduro no es —y nunca será— Chávez. De allí que, para enfrentar una crisis cada vez más alarmante, su apuesta fuese por exacerbar el estado de emergencia al conseguir que el congreso lo habilitase con nuevos poderes especiales. Todo lo ocurrido desde entonces no es sino consecuencia de este acto de soberbia, pues si, como en Roma, el dictador no contiene la amenaza —en este caso la doble hidra de la inseguridad y el desabasto— su legitimidad no tardará en desvanecerse, como ha ocurrido.

Aprovechando el descontento popular, la parte de la oposición encabezada por María Corina Machado y Leopoldo López apostó, contra la opinión del gradualista Capriles, en impulsar manifestaciones que aceleraran la caída del régimen. Amenazado por todos los flancos —la crisis batiente; las protestas callejeras; los grupos armados sin control; y en especial el amago de los militares—, Maduro decidió dar un golpe de fuerza. Desde entonces ha silenciado a todos los medios críticos y perseguido a los líderes opositores, responsabilizándolos de la violencia. Y ha querido presentarse, de nueva cuenta, como salvador. No se trata aquí de ser de izquierda o de derecha, bilioso chavista o furibundo antichavista, sino de condenar sin titubeos a un régimen que, de por sí dueño de poderes que exceden cualquier espíritu democrático, se ha decantado enfáticamente por la represión.

El director y la pianista

Si algo singulariza la carrera de la pianista venezolana Gabriela Montero (Caracas, 1970) ha sido su interés por revitalizar el casi extinto arte de la improvisación clásica. Al menos hasta mediados del siglo xix, esta práctica estaba firmemente anclada en la tradición occidental y figuras como Mozart, Beethoven o Liszt eran tan apreciadas por sus obras como por su capacidad inventiva. En las décadas siguientes, la improvisación desaparecería casi por completo de este repertorio para asociarse con el jazz (y después con la música contemporánea). De allí el furor con que son acogidos los recitales de Montero, en los cuales no duda en valerse de temas de compositores canónicos —o populares— para demostrar su excepcional imaginación musical.

Hace unas semanas, Montero —quien vive en Estados Unidos—, dejó la improvisación pianística y, frente a los hechos de violencia que se suceden en su patria, se atrevió a dirigir una dura carta a José Antonio Abreu, el fundador de El Sistema, el admirable modelo de orquestas juveniles que tanto bien le ha hecho a la sociedad venezolana, y sobre todo a Gustavo Dudamel (Barquisimeto, 1981), la mayor estrella del proyecto, actual director de la Orquesta Simón Bolívar y de la Filarmónica de Los Ángeles.

En su carta, Montero afirma: "Ayer, mientras decenas de miles de manifestantes pacíficos marcharon en Venezuela para expresar su frustración, dolor y desesperación por el derrumbe total cívico, moral, físico, económico y humano de Venezuela, y mientras el gobierno, milicias armadas, Guardia Nacional y policía atacó, asesinó, hirió, encarceló e hizo desaparecer muchas víctimas inocentes, Gustavo y Christian Vázquez dirigían sus orquestas celebrando el Día de la Juventud y los 39 años del nacimiento de las orquestas. Tocaron un concierto mientras su pueblo fue masacrado." Y concluye: "No más excusas. No más 'los artistas están por encima de todo'. No más 'Hagámoslo por los niños'."

En un breve comunicado, Dudamel respondió a las acusaciones afirmando que El Sistema debe mantenerse por encima de la política, pues su labor es fundamental para Venezuela. Luego, cuestionado por la prensa a su regreso a a Los Ángeles, emitió un segundo comunicado donde afirmó: "La música es nuestro lenguaje universal de la paz y por esa razón lamentamos los acontecimientos de ayer [...] Con nuestros instrumentos en la mano le decimos no a la violencia y un abrumador sí a la paz".

El tono de la respuesta —calificado por sus críticos como propio de una miss Venezuela— no ha calmado los ánimos, sobre todo si se suma a otros dos momentos que parecerían reflejar la cercanía de Dudamel con el régimen: cuando apareció en la primera transmisión de la cadena RCTV, recién expropiada por el gobierno, y cuando se apresuró a saludar a Maduro tras las muy cuestionadas elecciones de 2013. Celebrado en el marco de la polarización que sacude a su país, la polémica entre la pianista y el director de orquesta conduce inevitablemente al viejo debate sobre el papel que los grandes artistas —y sobre todo los grandes artistas mediáticos, como Dudamel— han de desempeñar frente a sus sociedades.

Nadie duda que El Sistema, creado mucho antes del chavismo pero abrazado por él, es uno de los programas sociales más exitosos del planeta, al tiempo que la Orquesta Simón Bolívar y figuras como Dudamel se han convertido en la mejor cara del país, y un enfrentamiento entre éste y el gobierno de Maduro de seguro tendría impacto en su funcionamiento, pero esta consideración pragmática no debería ser determinante para juzgar al director. Frente a los claros hechos de represión orquestados por Maduro —ahora también documentados por Montero en un video—, muchos esperarían que Dudamel condenase firmemente la violencia en vez de enroscarse en su vago discurso a favor de la paz.

Si bien Dudamel preferiría mantenerse al margen de la política, su relevancia internacional le impide pasar inadvertido. Estar contra la violencia, en abstracto, no significa nada; si de plano buscaba no desafiar al gobierno, quizás hubiese bastado con que lamentase las muertes concretas producidas por la represión o que hiciese un mínimo gesto musical hacia ellas. En circunstancias extremas, la neutralidad se torna imposible y no hacer nada se convierte en sinónimo de apoyo al régimen.

Ecos de Crimea

"Media legua, media legua/ media legua ante ellos./ Por el valle de la Muerte/ cabalgaron los seiscientos./ '¡Adelante, brigada ligera!/ ¡Cargad los cañones!, dijo./ Por el valle de la Muerte/ cabalgaron los seiscientos." Así comienza la célebre Carga de la brigada ligera de Lord Tennyson, publicada el 9 de diciembre de 1854, para conmemorar la heroica (y bastante inútil) derrota sufrida por este cuerpo británico durante la batalla de Balaclava. No era, por supuesto, la primera vez que se otorgaba un aura épica a la derrota de unos cuantos valientes contra un ejército más numeroso —piénsese en las Termópilas, Numancia o, de ácida memoria para nosotros, El Álamo—, pero los versos de Tennyson, aún recitados de memoria por los niños ingleses, contribuyeron a fijar en la imaginación la Guerra de Crimea (1853-1856) como uno de los primeros conflictos auténticamente modernos.

Gracias a las líneas telegráficas trenzadas desde el Mar Negro hasta Londres o París, por primera vez se tenían noticias frescas de lo que sucedía en los apartados campos de batalla, al tiempo que las crónicas de algunos de los primeros reporteros de guerra, como William Russell del Times, contribuyeron a que sus horrores modificasen la percepción sobre el conflicto y a que Florence Nightingale y Mary Seacole, pioneras de la enfermería, se desplazasen hasta Crimea para atender a los heridos (si bien sus hazañas serían magnificadas por la prensa, inaugurando las nuevas vías de la propaganda bélica).

Hoy, mientras las tropas enviadas por Vladímir Putin controlan por la fuerza la península y los líderes locales se aprestan a aprobar un referéndum que podría devolver Crimea a la jurisdicción rusa, resulta imposible no escuchar los ecos de aquellas refriegas. Aunque los analistas insistan en que la nostálgica reconstrucción del espacio soviético es el motor que anima al líder ruso, quizás sus decisiones tengan un sustrato más remoto, en lo que suena a una venganza contra los poderes occidentales que a mediados del siglo xix derrotaron al zar Nicolás I y, en el Tratado de París de 1856, le impusieron duras sanciones a su sucesor, Alejandro II.

Entonces como ahora, Rusia consideraba que su ámbito natural de influencia se extendía a las naciones limítrofes del Imperio y no toleraba que Occidente se entrometiese con ellas. Así, con el argumento de defender a los cristianos ortodoxos que vivían en el desfalleciente Imperio

Otomano (un pretexto no muy distinto al esgrimido hoy para defender a los rusos de Crimea), Nicolás I no dudó en invadir las provincias de Valaquia y Moldavia. En su condición de potencia global dominante, Gran Bretaña —el equivalente contemporáneo de Estados Unidos— por su parte no podía permitir que Rusia se abalanzase sobre los turcos, poniendo en peligro su hegemonía en Medio Oriente.

En este contexto, pese a la mediación diplomática de Francia, Prusia y Austria —tan inútil como la de la Unión Europea—, el enfrentamiento se volvió inevitable. Valiéndose de su poderosa flota naval apostada en Sebastopol, Rusia no dudó en atacar a los otomanos en el escenario del Mar Negro, sólo para que sus fuerzas terminasen arrolladas por la alianza de éstos con ingleses, franceses y piamonteses (que mandaron una fuerza expedicionaria sólo para quedar bien con los segundos). Al cabo de tres años de combates, desarrollados no sólo en Crimea sino en el Báltico, el Danubio y en el Pacífico, Nicolás I murió inesperadamente —otros dicen que se suicidó— y Rusia fue obligada a firmar una paz humillante, que le prohibía apostar a su flota en la península, estatus que habría de mantenerse hasta la derrota francesa de 1871 a manos de Prusia.

Para los rusos, desde que Catalina II conquistara el Janato de Crimea en 1783, la región es parte indisoluble de su territorio y el breve lapso que va de 1954 a 2014 en que ha formado parte de Ucrania debido a una cuestionable decisión de Nikita Jruschov, no es sino un error. Con una población mayoritariamente rusa —en torno al 60%, según el último censo—, no parece probable que Putin ceda en sus pretensiones de volver a anexionarse Crimea o, en el peor de los casos, de contar con un gobierno títere como en Abjazia y Osetia del Sur. Esta vez el Kremlin sabe que, a diferencia de lo ocurrido en el siglo xix, hoy parece casi imposible que Estados Unidos y la Unión Europea hagan algo más que imponerle sanciones económicas, las cuales apenas empañarán su histórica revancha.

Triste guerra fría

Poco después de que el 4 de noviembre de 1956 dos columnas de tanques penetrasen en Budapest a fin de aplastar la revuelta que buscaba sustraer a Hungría del Pacto de Varsovia, Estados Unidos y sus aliados se apresuraron a condenar la maniobra —con escasa vehemencia, pues casi al mismo tiempo Francia y Gran Bretaña habían irrumpido por la fuerza en el Canal de Suez—, exigiendo el retiro de las tropas soviéticas. En las siguientes semanas, la retórica del "mundo libre" se tornó cada vez más inflamada, al tiempo que el control soviético sobre su satélite se volvía un *fait accompli*. Pese a los intentos de llevar el caso a Naciones Unidas y de formar una comisión que investigara los hechos, el temor a una conflagración atómica impedía que Occidente pudiese intervenir en el ámbito de influencia de su antiguo aliado.

No es casual que la reciente invasión de Crimea parezca resucitar los fantasmas de esos tiempos: por primera vez desde la eclosión de la URSS, Rusia ha decidido apoderarse de facto del territorio de una nación soberana mientras Estados Unidos y la Unión Europea se conforman con anunciar débiles represalias. A la hora de analizar el conflicto, la mayor parte de los analistas fijan sus miradas en Vladímir Putin, a quien presentan como una suerte de matón profesional que, sin eludir su condición de agente del KGB, se muestra obsesionado con devolverle a Rusia su antiguo imperio a cualquier costo. Las mismas voces que hace unos meses celebraban su habilidad para impedir la incursión de Estados Unidos en Siria —la cual incluso le granjeó su nominación al Nobel de la Paz—, ahora lo presentan como el único responsable de la crisis. Pero, tal como ha demostrado desde que sustituyó al errático Borís Yeltsin, Putin no es ni un palurdo ni un demente. Al contrario: pocos hombres de poder se han acomodado mejor al nuevo orden multipolar.

En cualquier caso, las diferencias entre esta nueva Guerra Fría y la original son demasiado profundas. A diferencia de entonces, hoy Rusia no representa un modelo ideológico contrario al de Occidente, sino su paradójica exacerbación. Cuando la URSS se autodestruyó en 1991, Rusia y sus antiguas dependencias fueron el mayor campo de ensayo de la utopía neoliberal encabezada por Ronald Reagan y Margareth Thatcher. Allí, más que en ninguna otra parte, los mercados fueron dejados a su arbitrio, libres de cualquier regulación, al tiempo que el estado era reducido al mínimo. El resultado: un caos sin freno que enriqueció a unos cuantos oligarcas y acentuó pavorosamente la desigualdad social. No fue sino hasta la llegada de Putin que Rusia recuperó la estabilidad de la mano de un feroz capitalismo de estado incapaz de tolerar la menor disidencia (de allí la venganza contra un antiguo aliado como Jodorkovski). Desde entonces, Putin se ha dedicado a reforzar su autoridad mediante un hábil equilibrio entre la intimidación y la benevolencia. La invasión de Crimea debe ser entendida en esta lógica: un golpe de mano para indicarle a Estados Unidos y la Unión Europea que la época en que podían extraer de su esfera a sus antiguas dependencias —como ocurrió con sus vasallos de Europa del Este y luego con los países bálticos— ha llegado a su fin.

Sólo que la recuperación de Crimea, que hoy celebra un referéndum que sin duda ganarán los partidarios de la unión con Rusia, podría revertírsele a Putin más pronto de lo que imagina. Usar el ejemplo de Kosovo para justificar la secesión de la península resulta demasiado peligroso si se toma en cuenta que existen decenas de nacionalidades en el ámbito de la Federación, empezando por los chechenos, las cuales ahora podrían invocarlo con idéntica legitimidad. Por no hablar de la suspicacia y el recelo que habrán de acentuarse en las antiguas repúblicas soviéticas que hoy siguen dependiendo económicamente de Moscú, sobre todo en Asia Central. Por ello, a la hora de juzgar la actuación de los hombres providenciales, siempre vale la pena recurrir a otro ruso, Liev Tolstói. Quizás Putin sea el motor de los drásticos cambios que se verifican hoy en esa parte del mundo pero, tal como le ocurrió al Napoleón de Guerra y Paz, ni siquiera el estratega más astuto es capaz de adivinar las consecuencias últimas de sus actos. Tal vez hoy Ucrania pierda Crimea, pero nadie pone en duda que la invasión de Hungría en 1956 fue el germen de la irremediable descomposición —no sólo política, sino moral— que al cabo terminó por destruir a la URSS.

Unir y desunir

Durante una sesión solemne celebrada el 1º de mayo de 1707 en el Palacio de Westminster, los antiguos parlamentos de Inglaterra y Escocia dejaron formalmente de existir para dar vida al nuevo Parlamento de la Gran Bretaña, de acuerdo con el Tratado de Unión del 22 de julio de 1706. Si bien las dos naciones habían compartido monarca desde que Jacobo VI de Escocia heredase el trono de Inglaterra a la muerte de su prima Isabel I —adoptando el nombre de Jacobo I—, habían conservado sus respectivas instituciones y una soberanía casi absoluta sobre sus asuntos internos. De este modo, aunque la unión se celebró de forma voluntaria, muy pronto aparecieron las voces críticas que consideraban que Escocia había pasado a convertirse en una dependencia de Londres. (Hoy, cuenta con una considerable autonomía).

Ese mismo año de 1707, el nuevo rey de España, Felipe V de Anjou, firmó los Decretos de la Nueva Planta que suprimieron los fueros que habían disfrutado los reinos de la Corona de Aragón tras su unión dinástica con Castilla derivada del matrimonio de los Reyes Católicos en 1469. En este caso, la medida no derivó de un acuerdo más o menos amistoso, sino de la Guerra de Sucesión en la cual Cataluña, Valencia y Baleares apoyaron a Carlos de Austria, el odiado rival de los borbones, el cual finalmente sería derrotado en 1710 (aunque los castellanos sólo se harían con el control de Barcelona en 1714). A partir de su implantación, los Decretos le arrebataron a Cataluña sus privilegios y la sometieron a los designios de Madrid hasta que en 1975 se convirtió en una comunidad autónoma con enormes competencias propias.

Luego de tres siglos, escoceses y catalanes se aprestan a celebrar sendas consultas para determinar sus deseos de pertenecer a Gran Bretaña y España o de decantarse por la independencia. Pese a la coincidencia temporal —el referéndum en Escocia está convocado para septiembre, mientras que el de Cataluña podría celebrarse en noviembre—, las diferencias entre ambos procesos son enormes, primero porque el escocés ha sido aceptado a regañadientes por Londres, mientras que Madrid considera que el catalán es ilegal (o, en el mejor de los casos, carente de cualquier consecuencia jurídica), y segundo porque los sondeos vaticinan una derrota de los independentistas en Escocia, que se quedarían en torno al 35%, y su victoria en Cataluña, donde recibirían en torno al 60% de los votos.

Así, mientras el XIX fue el siglo de las reunificaciones (y las expediciones coloniales) derivadas del moderno nacionalismo que acababa de nacer, y el XX el de la descolonización articulada a partir de idénticos principios, el XXI se revela como el siglo de la desunión, como si el pacífico divorcio de la República Checa y Eslovaquia —con el ominoso trasfondo de la desintegración de Yugoslavia— fuese el máximo anhelo al que pueden aspirar sociedades como la catalana o la escocesa (o la vasca, o la bretona o la padana).

Aunque los nacionalismos sean unos de los monstruos más perniciosos surgidos al término de la Guerra Fría, su fuerza actual no sólo deriva de las ideologías excluyentes ferozmente enquistadas en distintas partes de Europa o de la crisis económica, sino de la incapacidad de las élites nacionales para negociar en condiciones de igualdad con las élites locales (y viceversa), en lo que supone más bien un lamentable enfrentamiento entre nacionalismos equivalentes. Basta escuchar cómo hablan numerosos dirigentes madrileños de sus contrapartes catalanas para entender la popularidad del independentismo, del mismo modo que basta con escuchar cómo se refieren numerosos dirigentes catalanistas a sus contrapartes "madrileñas" —jamás dirían españolas— para justificar el centralismo.

Más allá de sus resultados, las aventuras independentistas de Escocia y Cataluña ponen en evidencia tanto la fragilidad de las identidades nacionales —a fin de cuentas ficciones al servicio de unos cuantos— como la perversidad de un sinfín de políticos que no han encontrado mejor forma de acrecentar su popularidad que exacerbando los prejuicios más arraigados de sus electores. El vacío de nuestro discurso político, incapaz de articular nuevos modelos de sociedad en frente a la devastadora crisis del capitalismo que nos aqueja, es el responsable de que, en plena era de la globalización, se derrochen tantas energías en defender banderas, himnos e insignias que no traen a la memoria más que los ecos de infinitas batallas y de sangre.

II. SÍNTOMAS

Una modesta propuesta educativa

Durante varios días los usuarios de redes sociales no han cesado de burlarse del traspié: tras presentar su libro México, la gran esperanza en la Feria Internacional del Libro de Guadalajara, Enrique Peña Nieto fue incapaz de responder cuáles eran los tres libros que habían marcado su vida. No sólo trastabilló como un alumno que no ha hecho la tarea, sino que confundió a Carlos Fuentes con —of all people— Enrique Krauze. De inmediato una avalancha de críticas se precipitó sobre él y LibreríaPeñaNieto se convirtió en tema central de Twitter. A continuación, en un episodio de vodevil, Ernesto Cordero quiso prolongar la mofa y él mismo convirtió a Laura Restrepo en Isabel Restrepo al mencionar los tres libros que —dijo con orgullo— ha leído este año. No es la primera vez que un político incurre en un desliz semejante.

Vicente Fox se vanagloriaba de su incultura e incluso Josefina Vázquez Mota, entonces secretaria de Educación Pública, también confundió a Carlos Fuentes... con Octavio Paz. No se trata, tampoco, de un fenómeno mexicano: en España se regocijan con la anécdota según la cual Esperanza Aguirre, cuando era ministra de Cultura, se congratuló por el Premio Nobel concedido a la gran escritora portuguesa Sara Mago. Sin duda, cualquiera puede tener un olvido, pero una cosa es no recordar un autor o un título y otra ser incapaz de mencionar los tres libros que le han cambiado la vida a uno. Quizás porque a ninguno de estos políticos los libros les han cambiado la vida. Lo he dicho en otro momento: leer no nos hace por fuerza mejores. Stalin era un lector empedernido, lo cual no le impidió asesinar a millones de personas (y a numerosos escritores). Pero un gobernante necesita conocer de cerca el universo de sus gobernados y para ello la lectura —incluida la lectura de ficción— resulta una herramienta indispensable.

Este penoso espectáculo demuestra más bien otra cosa: el espacio mínimo que la lectura ocupa en nuestro tiempo. Si nuestros políticos no leen, o leen mal, es porque no sienten que ensayos, poemas o novelas sean relevantes para su desempeño. Porque consideran que los libros —y en general la cultura— son formas de entretenimiento tan inútiles como elitistas. Porque no se dan cuenta de que la lectura, y en especial la literatura, podrían ayudarlos a convertirse en mejores políticos.

Como escribió el novelista Daniel Pennac: el verbo leer, como el verbo amar, jamás debería conjugarse en imperativo. En otras palabras: la lectura, en la primaria, nunca debería ser obligatoria. A lo más, padres y profesores deberían compartir con los niños su gusto por la lectura y demostrarles que, detrás de esas letras hostiles, se encuentran miles de historias y personajes con los que pueden identificarse. Otro error: considerar que la lectura es superior a otras formas narrativas, como la TV, el cine o los videojuegos, y condenarla a un estatuto tan alto como indeseable.

Mi modesta propuesta es muy simple: cambiar, de una vez por todas, un modelo educativo propio del siglo XIX, que no ha tomado en cuenta la aparición del mundo audiovisual. Dejemos de enseñar literatura y pasemos a impartir una materia que propongo denominar Clase de Ficción.

Estoy convencido de que la ficción es la mejor puerta a la lectura. La ficción que está en los cuentos infantiles y en las pantallas que hoy rodean a los niños. Lo que éstos necesitan es un guía que los ayude a circular de las miniseries y las películas de animación a los videojuegos y de allí, con naturalidad, a las novelas y relatos. Entonces los maestros podrían enseñarles algunos parámetros que les permitan distinguir la buena de la mala ficción: una caricatura profunda de una superficial, una telenovela ambiciosa de una inverosímil, un videojuego estimulante de uno predecible, una gran obra literaria de un best-seller inane.

Todo ello representa trastocar radicalmente nuestra anacrónica idea de cultura. Formar maestros que posean conocimientos de todas las formas de la ficción. Proveer a las escuelas con los instrumentos tecnológicos necesarios para cada disciplina. ¿Es mucho pedir? Quizás. Pero no hacerlo representa permanecer en el pasado. Hoy, miles de ficciones rodean a nuestros niños y nosotros no les enseñamos cómo enfrentarse a ellas. Los tenemos abandonados. Y, al hacerlo, los impulsamos a renegar de la lectura. Sí: es mucho pedir, pero sólo así conseguiremos que en el futuro nuestros políticos —y nuestros niños— no se sientan intimidados por los libros.

El misterio de la habitación 2806

El alto funcionario entrega su pase de abordar y se dirige a su asiento de primera clase. La inquietud por haber olvidado su celular en el hotel se ha desvanecido, pues la recepcionista le prometió hacérselo llegar hasta el avión. Podemos suponer que, más relajado, acepta la flûte de champagne que le ofrece la azafata —y que él le guiña un ojo— antes de estudiar la lista de grands crus. De pronto, unos hombres irrumpen en la aeronave y, en vez de devolverle su teléfono, lo arrastran a la puerta y se disponen a esposarlo.

El resto es conocido: Dominique Strauss-Kahn, director gerente del Fondo Monetario Internacional y puntero en las encuestas a la presidencia de Francia, abandona su vida en el jet-set financiero —y a la larga la posibilidad de ser candidato— para enfrentar las acusaciones de violación de Nafissatou Diallo, una camarera guineana de 32 años, empleada del Sofitel, donde éste se alojaba. La historia, propia de Hollywood, ha sido interpretada —y utilizada ideológicamente— de maneras contradictorias.

Muchos quisieron advertir en este episodio una metáfora del mundo contemporáneo: el potentado que se cree superior a la ley y —del mismo modo que el FMI aplica por la fuerza sus técnicas de shock a los países en desarrollo— no duda en abusar de una joven de escasos recursos y origen africano. Esta lectura se reveló imprecisa: Strauss-Kahn posee fama de arrogante y mujeriego, pero las filtraciones de la fiscalía también muestran un perfil de Diallo poco enternecedor: al parecer, comentó con un amigo la idea de obtener dinero del político, mintió sobre su condición migratoria y no es capaz de aclarar el origen de ciertas sumas de dinero depositadas en su cuenta.

Por otro lado, la periodista Tristane Banon, francesa de pura cepa, también ha denunciado a Strauss-Kahn, y Piroska Nagy, de origen húngaro, sugirió que su entonces jefe la obligó a mantener relaciones sexuales (aunque el escándalo se solventó con una disculpa pública). Todo indica que Strauss-Kahn es fanático u obseso del sexo —antes de Diallo, las cámaras del Sofitel grabaron a otra mujer, acaso una escort, entrando en su habitación—, pero su apetito no parece discriminar entre mujeres de naciones ricas o pobres.

Otros prefirieron interpretar el affaire como un incidente más en la lista de desencuentros entre Francia y Estados Unidos. La prensa gala no ha dejado de quejarse por la humillación sufrida por Strauss-Kahn —y por la France— con las imágenes del exquisito hombre de estado detenido como un criminal común. En efecto, la moral pública es distinta en cada sitio: mientras los puritanos Estados Unidos no toleran a los políticos disipados (baste recordar a Clinton o a Spitzer), la libertina Francia casi los festeja (como la doble vida de Mitterrand). Pero, otra vez, aquí no están en juego costumbres antagónicas, sino un delito —la violación— que se castiga con fuerza en ambos lados.

El caso es fascinante, pero la tentación de convertirlo en una metáfora lo simplifica en exceso. ¿Se trató de una relación sexual consentida, como afirma el acusado? ¿Entonces por qué Diallo se apresuró a reportarla? ¿Pudo imaginar que Strauss-Kahn le pagaría y, al no hacerlo, decidió vengarse? ¿Y por qué el izquierdista millonario no lo hizo, ahorrándose este lío? La posibilidad de que ella lo hubiese planeado para luego denunciarlo es, por lo pronto, la menos verosímil.

Nos enfrentamos con personajes de novela: ninguno resulta del todo creíble y sus pasados están sembrados de grisura. Strauss-Kahn no sólo es famoso por su carácter donjuanesco —más bien priápico—, sino que ha sido acusado en otras dos ocasiones de aprovecharse de su físico o de su estatus para someter a las mujeres. Diallo, por su parte, ha mentido anteriormente y mantiene vínculos con figuras turbulentas. ¿Qué pasó realmente en la habitación 2806? Tal vez nunca lo sepamos. Ante la ausencia de cámaras y testigos —o de marcas corporales explícitas, como ahora asegura la defensa—, sólo contamos con el testimonio de los involucrados: de ahí la exitosa táctica de la defensa de minar la credibilidad de la denunciante. Tendremos, a lo más, la verdad judicial (propia del sistema anglosajón): ante cualquier duda razonable, se decretará la inocencia del inculpado.

Fuera de eso —y dejando atrás las teorías conspiratorias—, queda la intuición del novelista. Acostumbrado a encandilar, seducir o pagar a decenas de mujeres, el director del FMI se negó a ver en Diallo a otra persona y su falta de empatía lo cegó ante un acto marcado por su posición de fuerza. ¿O alguien puede imaginar que la camarera se acostó intempestivamente con el huésped, sin dinero de por medio, porque lo consideró chic o irresistible? Que luego haya buscado aprovecharse de él no la convierte en farsante. Pero ésta es, por supuesto, sólo una especulación más frente al misterio de la habitación 2806.

Anders Breivik, mutante

Ted Kaczynski abandona la sala y, tras una arcada, vomita en la acera. Acaba de cumplir 19 años y se ha inscrito como voluntario en un experimento convocado por el departamento de psicología de Harvard, donde él estudia matemáticas. La mayor parte de sus compañeros lo consideran brillante e inadaptado: permanece siempre solo, apenas levanta la vista y sus notas son sobresalientes. Este día, Ted se muestra más agrio que de costumbre: los organizadores le han explicado que pretenden estudiar su conversación con otro estudiante para entrever sus patrones de personalidad pero, en cada una de las sesiones, su interlocutor no ha hecho sino apabullarlo, arrastrándolo a dudar de todas sus convicciones.

En realidad, el joven subgraduado ha sido víctima de una trampa. Henry Murray, el autor del experimento, es director de la Clínica Psicológica de la Harvard pero también trabaja para la CIA, y su proyecto consiste en estudiar la resistencia de los espías soviéticos con ataques inmisericordes a sus convicciones. Resulta difícil saber hasta dónde esta experiencia juvenil perturbó la mente de Kaczynski, pero con los años abandonaría las matemáticas en favor del terrorismo y, tras causar la muerte de una decena de personas con paquetes y cartas explosivas, pasaría a la historia con el apodo de Unabomber.

Veinte años después de su captura en una cabaña en Montana en 1989, otro joven medroso y violento se sentiría inspirado por los delirantes manifiestos que Kaczynski no ha dejado de publicar desde la cárcel —y se encargaría de citarlos en las 1500 páginas de su 2083: Una declaración de independencia europea—: Anders Behring Breivik, el noruego que, en aras de luchar contra el marxismo, el multiculturalismo y los inmigrantes musulmanes, asesinó a más de setenta personas en dos atentados en Oslo.

Frente a criminales como éstos, la pregunta reaparece: ¿se trata de locos solitarios, y por tanto debemos considerar sus actos como una suerte de accidente, o deben ser vistos como síntomas de un mal social, y por tanto estamos obligados a corregir las circunstancias que los animaron? Más allá de que Breivik haya contado con el apoyo de otras células —el vocabulario del terrorismo es el de la biología—, quienes se sienten llamados a cumplir una misión para salvar a sus sociedades necesitan sin falta de una comunidad real o imaginaria que celebre —y comprenda— su sacrificio.

No es un sinsentido, pues, que el feroz enemigo del Islam admire a Al Qaeda: los extremos se funden y el vikingo lampiño se refleja en el espejo del semita barbudo. El autor de un performance, por mortífero que sea, necesita un público e incluso a sus críticos. Achacar su actuación a la demencia, con el objetivo de minimizarla o conjurarla, carece de sentido. Estar loco, o al menos loco como Breivik o Kaczynski, no significa carecer de razón o inteligencia —ni dejar de ser humano—, sino habitar un universo paralelo tan sólido como el nuestro.

Porque la locura del neotemplario o la del Unabomber —o en el caso paradigmático, la de Hitler— no fue provocada por repentinos cortocircuitos neuronales o la ausencia de ciertos neurotransmisores. El cerebro humano es una máquina híbrida: está formada tanto por las neuronas y sus moléculas asociadas como por las ideas producidas por ellas: eso que solemos llamar la cultura. Son estos memes virulentos y terribles —para usar el término de Dawkins— la principal causa de las brutales decisiones tomadas por estos sujetos.

Las ideas se comportan como virus: si nos exponemos a sus variedades más peligrosas es muy probable que terminemos contagiados. Durante años, Breivik fue inoculado con las ideas racistas y supremacistas que flotaban en su ambiente: los círculos neonazis escandinavos —tan bien retratados por Stieg Larsson—, las páginas web y los blogs contra la inmigración o el Islam y, por supuesto, los partidos de ultraderecha que no dudaron en acogerlo. Su enfermedad no es psiquiátrica, sino ideológica.

¿Ello quiere decir que tendríamos que censurar a quienes propagan la discriminación, el odio racial y la xenofobia? Me temo que la respuesta es afirmativa. Aunque en las sociedades liberales haya que defender a ultranza la libertad de expresión, ésta no puede ser absoluta: se puede criticar toda clase de conceptos generales —incluyendo a las religiones—, pero así como no se permite atacar a alguien sin pruebas, también debería estar prohibido atentar contra esa idea mínima que sostiene a nuestra civilización: la de que todos tenemos los mismos derechos —incluido el derecho a vivir en cualquier parte— con independencia de nuestras convicciones.

El cierre de un periódico, una radio o un sitio electrónico con contenidos racistas tendría que ser en caso extremo, cuando la incitación al odio y la violencia resulten incontrovertibles. Antes que eso, hay que combatir a las ideas con ideas. Ese multiculturalismo que tanto odiaba Breivik tiene que ser implementado con mayor imaginación y energía en la educación formal e informal en todas partes, y por supuesto en los medios de comunicación. Europa no se puede permitir que otra crisis económica —como la de 1929— vuelva a minar su mayor aportación a nuestro mundo: la idea de humanidad.

Tiempos mexicanos

Nacido en 1928, casi al mismo tiempo que el Partido Nacional Revolucionario —el ancestro de nuestro redivivo PRI—, Carlos Fuentes fue uno de los más certeros observadores de esta hidra de mil cabezas, con la cual hubo de medirse en distintos momentos de su itinerario. Mientras conservó el poder, el PRI mantuvo una tortuosa relación con los intelectuales: si por un lado los necesitaba para legitimarse y no escatimó en medios para ganar sus simpatías —por ejemplo, con uno de los sistemas de apoyo estatal a la creación más amplios del planeta—, por el otro desconfiaba de ellos y en ocasiones llego a perseguirlos, como cuando en 1968 aseguró que éstos habían sido los instigadores de la revuelta estudiantil. Los intelectuales, a su vez, sufrían esa tensión entre las dádivas priistas y la repulsión ante sus prácticas.

Hijo de diplomático, Fuentes se educó entre Estados Unidos, Chile y Argentina, antes de desembocar en México, poco después de la segunda guerra mundial, para estudiar la preparatoria y la universidad. Como a otros, el PRI de entonces le parecía casi un mal necesario. México no era una democracia como las que él había admirado en Estados Unidos o Chile, pero tampoco una feroz dictadura como la de otras naciones latinoamericanas.

A fines de los cincuenta, dos acontecimientos modificaron su percepción. La Revolución cubana le arrebató al PRI su bandera de progreso y, como tantos jóvenes, Fuentes apoyó a Castro. En el plano literario, La región más transparente exhibió los aspectos más chauvinistas de la cultura oficial: celebrado en otras partes, aquí Fuentes fue censurado por copiar modelos extranjeros y por no ser un mexicano auténtico. Una acusación que, con matices, no dejaría de recibir de sus adversarios. Este desencanto quedó simbolizado en otra obra mayor, La muerte de Artemio Cruz, un réquiem por los principios de justicia que el PRI había abandonado.

1968 señaló la ruptura del pacto tácito entre la sociedad mexicana y el PRI, y entre éste y los intelectuales. Desde Francia, Fuentes mostró los alcances de la revuelta estudiantil —en sus artículos para Siempre!, luego recopilados en un panfleto—, que no tardarían en contaminar a los jóvenes mexicanos. Al lado de Benítez, Paz y muchos otros, contribuyó a expandir el espíritu democrático del movimiento y a condenar la brutalidad de Díaz Ordaz.

Como otros enemigos del Mandril, a partir de 1970 Fuentes también fue atrapado por el Monstruo; dando por buenas las críticas de Echeverría a su predecesor —cuando había sido el responsable de la represión—, Fuentes no dudó en apoyarlo y, en la mayor equivocación de su carrera, proclamó "Echeverría o el fascismo". Cuando el Presidente nombró a Díaz Ordaz embajador en España, Fuentes rectificó y renunció a la embajada en París. El incidente muestra cómo el PRI, aquel PRI —igual que éste—, era capaz de seducir incluso a sus mayores críticos adoptando toda suerte de máscaras.

Desprendido de cualquier vínculo con el gobierno —y con los poderes fácticos—, y convertido en un socialdemócrata guiado sólo por su honestidad y sensatez, Fuentes volvió a ser Fuentes y adquirió una libertad inusitada. La libertad para deslindarse de Cuba —sin el estrépito de Vargas Llosa—, así como de las nuevas mutaciones del PRI. El último de sus encantadores de serpientes, Salinas de Gortari, trató de hipnotizarlo como a otros intelectuales —Paz, Aguilar Camín o Krauze entre ellos—, pero sin el mismo éxito. Como todos los miembros del Boom, Fuentes nunca dejó de estar rodeado de políticos y empresarios pero, a diferencia de sus rivales, no se aprovechó personalmente de esos vínculos: jamás recibió fondos del Estado y no se puso al servicio de ningún interés empresarial. Y, en cambio, se detuvo a exhibir los pantanos del poder político y económico en La silla del águila o Adán en Edén.

En el 2000, aplaudió la derrota del PRI, aunque no tardó en mostrar su decepción ante Vicente Fox. En el 2006 votó por López Obrador y se distanció de él ante su deriva radical. En sus últimas semanas no cesó de criticar a los tres candidatos: Vázquez Mota le parecía la continuidad de la desastrosa administración de Calderón y a AMLO jamás le perdonó que mandara al diablo a las instituciones. Pero su caballo de batalla era Peña Nieto. Le parecía una encarnación del peor PRI. Del PRI incapaz de asimilar la disidencia. Del PRI que, en sus 12 años en la oposición, se volvió, más que antiintelectual, aintelectual. Como el propio Peña pareció confirmar cuando, al lamentar su muerte, comenzó con estas palabras: "Aunque no siempre coincidimos en nuestras opiniones políticas..." No, no siempre: nunca. El azar, o eso que llamamos justicia poética, ha hecho que Fuentes ya no contemple el previsible regreso de la hidra de mil cabezas al poder.

Cenicienta S&M

—Tienes que leerlo —le dice la chica en la fila del cine a su amiga—. Hay cosas que nunca imaginé.

—Tienes que leerlo —le dice la joven madre a su marido mientras atraviesan el Adriático—. Es súper sexy.

—Tienen que leerlo —le dice la abuela a sus amigas en su círculo de lectura de los miércoles.

Cada cierto tiempo, por razones que escapan a cualquier previsión —y a los gurús de la mercadotecnia—, un libro consigue abrirse paso entre los lectores, de mano en mano y de boca en boca, hasta convertirse en una epidemia que llega a infectar millones de cerebros a la vez. El fenómeno sigue el mismo patrón: una obra atrapa a unos cuantos aficionados, los cuales la recomiendan a sus conocidos, y éstos a otros, hasta alcanzar una masa crítica que por fin despereza a sus editores. Cuando éstos constatan el crecimiento canceroso de su criatura, una repentina inyección de publicidad puede transformar un éxito local en un best-seller global. Así ocurrió con Harry Potter, con El código Da Vinci, con La sombra del viento, con la trilogía de Stieg Larsson y ahora con Cincuenta sombras de Gray y sus secuelas, de E. L. James, el pseudónimo de una antigua ejecutiva de la televisión británica que en las últimas semanas ha vendido más de 15 millones de ejemplares. Con una diferencia: el libro primero fue autoeditado en versión electrónica y sólo después apareció en papel.

En esta ocasión no nos hallamos frente a una epopeya juvenil, ni un thriller eclesiástico, ni una aventura libresca, sino una novela pornoromántica (o romántica-porno). En una era en que las escenas de sexo se encuentran por doquier, nadie anticipaba que una historia de amor y sadomasoquismo (o de sadomasoquismo y amor) pudiese interesar a nadie, y menos a las desprejuiciadas mujeres burguesas de Gran Bretaña y Estados Unidos. Ante la magnitud del torbellino —eriza la piel que 15 millones de personas estén leyendo las mismas frases—, los analistas no han tardado en pronunciarse. Para numerosas feministas, el éxito de las Sombras sugiere un retroceso: mujeres liberales que necesitan fantasear con la dominación. Para los críticos literarios, se trata de una engañifa debido a su estilo descuidado, sus personajes estereotípicos y sus diálogos risibles (aunque hace mucho que nadie hace caso a los críticos literarios). Y para los lectores comunes, o al menos para quienes califican los libros en Amazon, hay una clara división de opiniones: 3900 reseñas le otorgan cinco estrellas, frente a 3100 que le conceden apenas una.

La trama central de la trilogía no sorprende, en efecto, por su audacia: una joven y guapa estudiante de literatura (virgen) se topa con un joven y guapo multimillonario (S&M) que no duda en iniciarla en las prácticas de la sumisión sexual: un relato repetido en cientos de novelas románticas y libertinas. ¿Dónde se halla la originalidad? Acaso en la mezcla de los dos géneros, como si las Cincuenta sombras buscasen ser un híbrido entre la Juliette del Marqués de Sade y una novela de Danielle Steel. Mientras Gray se esfuerza en "educar" a su pupila en las delicias del látigo y su "cuarto rojo del dolor" (y le regala coches último modelo, primeras ediciones de clásicos literarios e incluso una editorial), Anastasia nunca pierde su naturaleza romántica: aunque Gray la azote y la amarre, ella no descansará hasta "domarlo" a él y convertirlo, muy a su pesar, en un enamorado común.

La mezcla de géneros parece garantía de éxito: si Harry Potter oscila entre la novela gótica y la novela de formación, El código Da Vinci, entre el thriller y la historia sacra o La sombra del viento entre la erudición y la aventura, las Cincuenta sombras se balancean entre el romance y la pornografía. Y acaso lo peor sea que, al final, triunfa el primero: por más que Gray abuse de Anastasia, obligándola a firmar un contrato —procedimiento robado a La venus de las pieles de Sacher-Masoch—, será ésta quien al final dulcifique a su Barbazul o su Bestia, como si las 1500 páginas de la trilogía fuesen un maratón de foreplay que termina con un matrimonio en el que, más allá de sus gustos "excéntricos", sus protagonistas "vivieron felices y comieron perdices".

Quien busque una obra más ambiciosa y arriesgada sobre el tema, podría desempolvar la Historia de O, de Pauline Réage (pseudónimo de Anne Desclos), pensada como un regalo para su amante, el editor Jean Paulhan, el cual escribiría el prólogo para la edición de 1954. Desclos también era una mujer moderna y liberada que soñaba con escenas de sumisión sólo que, a diferencia de su desvaída émula británica, llevó su fantasía hasta las últimas consecuencias, trastocando los roles sexuales de su tiempo y atreviéndose a exhibir, sin tapujos, su vocación de esclava. Por desgracia, nuestra infantilizada sociedad contemporánea continúa decantándose por inocuas historias de amor romántico... aunque sus páginas estén llenas de latigazos, fisting y bondage.

Los amos del universo

Exasperados, los ejecutivos no pueden creer que esos burócratas los hayan abandonado a su suerte, permitiendo que el cuarto banco de inversión más grande del mundo se desvanezca de la noche a la mañana. Es casi la una de la tarde del 16 de septiembre de 2008 y Henry Paulson, Ben Bernanke y Tim Geither, secretario del Tesoro, presidente de la Reserva Federal y presidente de la Reserva Federal de Nueva York, acaban de confirmarles que el Gobierno no acudirá en su rescate.

Punto. Su última opción, luego del traicionero pacto entre Bank of America y sus odiados rivales de Merrill Lynch, era la oferta de Barclays pero, desoyendo las súplicas de la administración Bush, el Banco de Inglaterra se ha negado a avalar la operación. No hay, pues, alternativa. A la 1:25 de la tarde sus abogados inscriben la bancarrota en la Corte de del Distrito Sur de Nueva York. Con más de siglo y medio a sus espaldas, Lehman Brothers ya es historia.

Hace casi cuatro años justos de este episodio, recreado en el intenso thriller Margin Call (2011) y en la más literal Demasiado grande para caer (2011), basada en el fascinante libro de Andrew Ross Sorkin (2009), y los análisis y las especulaciones en torno a su origen y consecuencias continúan proliferando en la medida en que el derrumbe de Lehman Brothers es percibido como el punto de quiebre —real o simbólico— de la Gran Recesión que aún aqueja a la mayor parte del mundo desarrollado.

¿Hubiese sido todo distinto si Paulson, antiguo patrón de Goldman Sachs, hubiese impedido la caída de sus antiguos competidores? Probablemente no: para entonces Wall Street se hallaba tan contaminada por los llamados "activos tóxicos" (las metáforas biológicas no son gratuitas) que la suerte de los cinco grandes bancos de inversión estadounidenses, interconectados con todas las instituciones financieras internacionales, parecía echada. Tras más de una década de "exuberancia irracional" —el término es de Alan Greenspan, presidente de la Reserva Federal por 20 años y responsable de no anticipar la crisis—, el capitalismo contemporáneo ya no parecía capaz de evadir la catástrofe incubada durante la burbuja.

Muchas fueron las causas que dieron lugar a esta "tormenta perfecta". En primer término, el triunfo de la ideología neoliberal —y la teoría de los mercados eficientes— tras la desaparición del campo comunista.

Puestas en práctica por Margaret Thatcher y Ronald Reagan, y copiadas por políticos de todas las latitudes (Salinas en México), las ideas de los economistas de la Escuela de Chicago, como Milton Friedman o Eugene Fama, condujeron a una época de brutal desconfianza hacia el Estado, siniestra desregulación financiera y una glorificación del individualismo cuyo espíritu quedó resumido en la frase de Gordon Gekko en Wall Street (1987) de Oliver Stone: "La avaricia es buena".

Paradójicamente, no fueron los Bush, padre o hijo, quienes mejor sirvieron a los intereses de este brutal laissez-faire, sino el demócrata Bill Clinton: en pleno enredo con el vestido de Monica Lewinsky, firmó la legislación que dio muerte a la legendaria Ley Glass-Steagall que prohibía que los bancos de depósitos fuesen, al mismo tiempo, bancos de inversión. Gracias a este pequeño favor, así como a la eliminación de la normatividad sobre los nuevos derivados financieros, instituciones como Goldman Sachs, Merrill Lynch, Lehman Brothers, Morgan Stanley o Bear Sterns tuvieron las manos libres para arriesgar miles de millones de dólares sin rendirle cuentas a nadie.

La proliferación de estos arcanos derivados financieros, o más bien la falta de reglas sobre los mismos, acabó por desestabilizar al sistema. Desarrollados por matemáticos y físicos (llamados quants por sus colegas), estos instrumentos buscaban diluir o de plano eliminar el riesgo — por ejemplo, el de las hipotecas—, pero a la larga hicieron lo contrario: contagiarlo sin fin hasta que toda la economía estuvo enferma. Si a ello sumamos la voracidad de los altos ejecutivos, quienes se asignaron antes y después de la crisis compensaciones estratosféricas, y a la imprudente concesión de créditos a quienes jamás podrían pagarlos, las condiciones estaban dadas para la catástrofe.

Cuatro años después de la caída de Lehman, todavía padecemos sus estertores. Pese al gigantesco rescate operado por Bush Jr. y Obama — muy mal gestionado, según narra su antiguo supervisor, Neil Barofsky, en Bailout (2012)— y las incipientes medidas de estímulo de los demócratas, la economía estadounidense no termina de recuperarse, mientras que las de otras naciones, como Grecia, Portugal, Irlanda o España, se hallan al borde del abismo. Pero lo peor es que la lección no parece aprendida: los mismos "amos del universo" que con su codicia produjeron la catástrofe son, en todas partes, los encargados de recomponerla. Como resumió un analista: "nunca tan pocos hicieron tanto contra tantos".

La libertad y la broma

Walter Berglund, un rijoso ambientalista de Saint Louis, Misuri, ve su carrera amenazada cuando acepta colaborar con una empresa con credenciales ecológicas dudosas, pero cuyo dueño accede a convertir una larga franja de Virginia en una zona protegida (en especial para las aves). Patty, su esposa, brillante basquetbolista en sus años juveniles — aunque debió callar una violación por insistencia de sus padres progresistas—, se presenta como una ejemplar ama de casa aunque en el fondo nunca haya sido tan buena ni simpática y se sienta ferozmente atraída por Richard Katz, el mejor amigo de Walter, un músico punk que encarna esa otra existencia, aventurera y temeraria, a la que renunció para casarse. Y Richard, por último, es el eterno adolescente que, en su afán por desafiar al sistema, renuncia al arte cuando por fin se convierte en un ídolo de culto entre los jóvenes.

Estos tres personajes, a quienes luego se suman los hijos de los Berglund y la amante de Walter, con sus batallas y reconciliaciones, sus decisiones intempestivas o su falta de decisiones, constituyen la materia prima de Libertad (2010), la novela con la que Johnatan Franzen (1959) alcanzó una celebridad difícilmente imaginable para un escritor —su rostro en la cubierta de Time apareció con el epíteto de "el gran novelista americano"—, y lo encumbró como el emblema de quienes miran el arte de la novela como una exploración de los conflictos individuales que a su vez desentraña las tensiones de su época. En otras palabras, hoy Franzen —quien estos días visita la Feria del Libro de Guadalajara— aparece como el cabecilla de esa tradición narrativa, consolidada en el siglo xix, que busca adentrarse en los destinos de sus criaturas no sólo para que autor y lector vivan otras vidas, sino para extraer de ellas un atisbo de su Zeitgast: las ilusiones y desvaríos de su tiempo.   Franzen inició su andadura con dos novelas más experimentales y explícitas sobre su entorno: la apocalíptica Ciudad veintisiete (1988) y la catastrófica Movimiento fuerte (1992), plagadas de los guiños posmodernos que entonces parecían ineludibles en cierto sector de la narrativa contemporánea y que de algún modo alcanzaron su epítome en la inabarcable La broma infinita (1996), de David Foster Wallace, con quien Franzen mantuvo una compleja amistad hasta el suicidio de éste en 2008.

Una semana antes de los atentados a las Torres Gemelas, Franzen publicó su respuesta a Foster Wallace: Las Correcciones, una novela que se desprendía de cualquier jugueteo metaliterario y, con una arquitectura voluntariamente clásica, retrataba nuestra sociedad de consumo buceando únicamente en sus personajes. Once años más tarde, Libertad profundizó aún más aquella apuesta: con Tolstói como modelo, Franzen urdió un universo narrativo en el cual los zigzagueos vitales y emocionales de Patty, Walter y Richard —trasuntos de Natasha, Pierre y Andréi de Guerra y paz— eran el espejo a través del cual no sólo contemplaba los triunfos y sinsabores de la clase media americana, sino la desazón suscitada por la siniestra presidencia de George W. Bush. En una era en la cual la palabra "libertad", de por sí blandida por Estados Unidos con el menor pretexto, era aún más manipulada y traicionada que de costumbre, Franzen se propuso recuperar sus matices y exhibir cómo quien la anhela y la persigue —un tema clásico de la narrativa y el discurso público estadounidense— confronta sin remedio la libertad de los otros. Como las inquietas moléculas de una fórmula inestable, Patty, Walter y Richard se aproximan y se alejan, construyendo y destruyendo sus afectos conforme dejan entrever los miedos y deseos que sufren de forma única pero que comparten, sin darse cuenta, con sus contemporáneos.

Pese a su ambición totalizadora, quizás Libertad carezca de la épica guerrera de Tolstói y se concentrare demasiado en la paz de la burguesía americana, pero la mirada de Franzen sobre sus personajes no podría ser más incisiva: al término de sus 600 páginas, resulta inevitable sentir que formamos parte de los Berglund y los Katz o, mejor, que nos hemos transmutado en alguno de ellos para siempre. Al referirse al corrosivo diálogo que siempre mantuvo con Foster Wallace, Franzen escribe en su libro de no ficción Más afuera (2012) que, en opinión de ambos, no es otro el objetivo de la novela: escapar de la cárcel de ser sólo nosotros mismos.

Libertad ha sabido atisbar, como pocos textos de ficción, el Zeitgast que caracteriza a Estados Unidos en nuestros días: una sociedad en la cual los individuos se baten a diario para defender su libertad y donde el espíritu comunitario suele verse apenas como un paliativo a la inmensa soledad de esta lucha.

Cero oscuro treinta

Con la pantalla aún en negro escuchamos las voces aterrorizadas del 11-S: repetidas hasta la saciedad, parecería que no necesitamos más imágenes del derrumbe de las Torres Gemelas para saber que todo lo que vendrá a continuación, las pesquisas, las detenciones, las torturas, los asesinatos, no será más que el despliegue de una lenta y meticulosa venganza que, más allá de la aparente neutralidad del relato, se hará pasar como un acto de justicia.

De regreso al silencio, un título advierte: "Esta historia se basa en testimonios de primera mano basados en hechos reales". Numerosos analistas han denunciado ya la peligrosa redacción de esta frase: si bien Marc Boal, el guionista de Zero Dark Thirty (La noche más oscura, en la lírica traducción mexicana), realizó un sinfín de entrevistas con agentes de inteligencia para documentarse sobre la operación que condujo a la localización de Osama Bin Laden, no dejó de concederse numerosas licencias poéticas que contradicen el carácter "periodístico" que quiso imprimirle Kathryn Bigelow, su brillante directora. Nada habría de extraño en que un artista transforme la realidad para imprimirle fuerza a su relato, pero Bigelow presentó su película como un reportaje y no como lo que es: una ficción basada en acontecimientos históricos.

El filme se abre con la precisa puesta en escena de un "interrogatorio mejorado", el atroz eufemismo con el cual la CIA se refería a los métodos de tortura autorizados por Bush Jr. Frente a la incierta mirada de la joven Maya (Jessica Chastain), una agente que ha dedicado toda su vida a la persecución del líder de Al-Qaeda —Bigelow nos priva de sus juicios—, un agente más experimentado extrae información de un detenido; para lograrlo, recurre a todas las tácticas denunciadas entonces: golpes, ahogamiento simulado (waterbording), humillación sexual y privación de sueño, e incluso introduce al detenido en una diminuta caja de madera. Aunque la secuencia resulte sobrecogedora, acaso lo más inquietante es que no consiga sorprendernos tras haber contemplado decenas de imágenes similares en series como 24 o Homeland. El detenido resiste mientras se prolonga la tortura, como si lo asistiera una fuerza moral superior; en cambio, en cuanto cesa el "interrogatorio mejorado" y los agentes de la CIA lo engañan y lo recompensan con comida caliente, éste apenas tarda en proporcionar la información clave que conducirá al correo de Bin Laden y, a la postre, a su escondite en Abotabad.

La polémica desatada en Estados Unidos en torno a Zero Dark Thirty, en la que han intervenido miembros del comité de seguridad del senado y antiguos agentes secretos, deriva de la composición de estas secuencias. Hábiles —y maliciosos—, Boal y Bigelow no toman partido: mientras sus defensores alegan que la película es una clara denuncia de la tortura al mostrar su inutilidad, sus críticos afirman que ésta parece concluir que sin su aplicación jamás habría sido posible llegar hasta Bin Laden. A nivel artístico, está claro que guionista y directora consiguen su objetivo: preservar las zonas grises frente a un tema tan delicado como éste.

Zero Dark Thirty provoca una legítima inquietud política y moral: si bien Boal y Bigelow insisten en ofrecernos una mirada "objetiva" de los hechos que describen —basados, según su advertencia, en "testimonios de primera mano"—, al permitir una doble lectura sobre los interrogatorios mejorados abren la puerta a una defensa de estas tácticas basada en su eficacia. Y es aquí donde el debate público en Estados Unidos ha encallado en un lamentable error de perspectiva: de inmediato políticos y responsables de seguridad se han enzarzado en una ácida disputa para determinar hasta qué punto la tortura fue útil para recabar información sobre el escondite de Bin Laden, como si éste debiera ser el criterio para justificarla.

En uno de sus primeros actos como presidente, Barack Obama firmó una orden ejecutiva para cesar los interrogatorios mejorados. Su argumento, entonces, no fue su ineficacia, sino su inmoralidad (aunque decidió no perseguir a los responsables de ponerlos en marcha). Películas como Zero Dark Thirty —o series como 24— pueden llegar a convencernos de que la tortura puede producir datos útiles, pero una auténtica democracia jamás debería autorizarla con este criterio desoyendo sus principios fundamentales.

Con enorme habilidad, Zero Dark Thirty emplea una óptica "imparcial", pero a estas alturas sabemos de sobra que ninguna imagen es inocente: pese a la melancolía que surge en el rostro de Maya en la escena final de la película, Zero Dark Thirty no deja de ser un western, la típica trama estadounidense que glorifica al sheriff que, aun a costa de quebrantar la ley —y de su propia aniquilación moral—, captura al fugitivo "vivo o muerto". Y, como denunció uno de los Navy Seals que participaron en la operación en The Longest Day (2012), para vergüenza de Obama en este caso todos lo preferían muerto.

146

Castillo de naipes

Tras jurar su cargo en una tumultuosa ceremonia de investidura, el presidente anuncia que la primera medida de su gobierno consistirá en presentar una reforma educativa capaz de transformar el anquilosado sistema escolar de la nación. La noticia es recibida con beneplácito por casi todos los sectores y aplaudida por los medios, con excepción del sindicato de maestros que ve amenazadas sus conquistas laborales. Su líder, quien lleva varios años en el cargo, considera que la iniciativa busca limitar su influencia. Para lograr que la reforma sea aprobada en un congreso con mayoría opositora, el presidente recurre a uno de los políticos más experimentados —y feroces— de su partido, uno de esos maquiavélicos operadores que no dudarán en hacer lo que sea para lograr su objetivo.

A partir de aquí, House of cards, la serie que Netflix ha puesto a disposición de sus suscriptores hace unas semanas, se separa —aunque no demasiado— de lo ocurrido en México, centrándose en la figura de Frank Underwood (un sardónico Kevin Spacey que, a la manera de un actor isabelino, se dirige al telespectador con toda suerte de apuntes mordaces), el whip de la mayoría demócrata, el cual librará una agreste batalla contra Marty Spinella, el lobista que representa a los maestros. Si bien los entretelones de la reforma educativa dibujados en House of cards podrían sonar un tanto pueriles comparados con la realidad mexicana —si acaso nuestro secretario de Educación no está lejos de Underwood, Marty Spinella ya soñaría con disponer de los recursos de La Maestra—, la coincidencia no deja de mostrar las dificultades y contradicciones que este tipo de medidas generan en cualquier parte. Por un lado, un amplio grupo de representantes demócratas, tradicionalmente ligados a los sindicatos, considera que la propuesta de su presidente apenas se diferencia de la esgrimida por los republicanos; y, por el otro, muy pronto queda claro que el pulso entre Underwood y Spinella responde más a sus intereses que a cualquier auténtica voluntad de transformación. La ambiciosa reforma educativa del presidente se quedará como una transformación casi cosmética.

Tres secuencias resultan particularmente interesantes para observar los intríngulis de la negociación dibujados en la serie (basada a su vez en una producción de la BBC y en las novelas de Michael Dobbs). En la primera, a fin de vengarse del presidente por no haberlos nombrado secretario de

147

Estado, Underwood decide eliminar a su candidato al Departamento de Educación y le filtra sus propuestas en extremo liberales a una joven bloguera. A su vez, ésta aprovechará su cercanía con Underwood para iniciar una meteórica carrera como informante estrella de Washington. Igual que en México, el trascendido es asumido como el instrumento favorito de los políticos para enviarse mensajes cifrados o para manipular a la opinión pública.

Menos predecible resulta el episodio en el que Underwood encara a Spinella en una entrevista en CNN. Reconocido por su habilidad retórica, el congresista está seguro de que aplastará al portavoz del sindicato y lo obligará a terminar con la huelga magisterial que ha puesto en vilo a la Casa Blanca. En contra de sus predicciones, la intervención de Underwood resulta un desastre: trastabilla, titubea y es víctima de esas lagunas que tanto aquejan a nuestros políticos. La avalancha de burlas en los talk-shows confirman por qué resulta imposible imaginar a Elba Esther Gordillo en un tête-è-tête con alguno de los operadores de nuestro presidente. (Por uno de esos efectos perversos de la empatía, los espectadores sentimos pena por Underwood en vez de lanzarnos a escarnecerlo en Twitter, como ocurriría en la vida real).

Al final, el enfrentamiento entre los maestros y el gobierno se resuelve en un duelo entre Underwood y Spinella. Aprovechándose de la muerte de un niño que no ha ido a la escuela, el congresista invita a su contrincante a su despacho para discutir un posible acuerdo. Cuando Spinella se presenta en su sala de juntas, Underwood no hace más que provocarlo hasta que, en un arranque de furia, el representante de los maestros le da un puñetazo. Levantándose del suelo, Underwood sabe que ha obtenido la victoria: para no presentar cargos, la huelga deberá terminar de inmediato. Días después, el Congreso por fin aprueba la reforma. ¿Habrá entre nosotros alguien capaz de una triquiñuela semejante para al fin doblegar a nuestro sindicato?

Que House of Cards haya sido producida por un distribuidor de contenidos para la red como Netflix y que su primera temporada haya sido puesta a disposición del público en un solo día desató una agitada polémica sobre la transformación del mundo audiovisual. Más allá de eso, a los mexicanos nos ofrece un oportuno espejo de las batallas libradas por nuestros políticos y sindicalistas —acaso menos mordaces pero igual de torvos— a la hora de aprobar nuestra aún lánguida e incipiente reforma educativa.

Los ricos también ríen

En la escena que más risas desata en el público mayoritariamente clase-mediero en la sala de la colonia Escandón a la que asisto, Peter (Carlos Gascón), el vividor que mediante amenazas y chantajes está a punto de casarse con la hija del empresario Germán Noble (Gonzalo Vega), se ve obligado a revelar sus datos personales al notario que está a punto de concederle una tajada sustancial del patrimonio de su prometida. A lo largo de toda la comedia lo hemos visto presumir un machacón acento español —y un estilo que remite al de Colate, hasta hace poco marido de Paulina Rubio—, y de pronto nos enteramos de que el simulador nació en Cholula, Puebla (si bien alega haber estudiado en Salamanca.)

Que este gag se alce como el punto más hilarante de *Nosotros los nobles* (2013), la primera película de Gaz Alazraki, da cuenta de los alcances de su humor. Y que este remake de *El gran Calavera*, la segunda película mexicana de Luis Buñuel (1949), se haya convertido en pocas semanas en la cinta más taquillera del cine nacional, revela que la aplastante inequidad que sufre nuestro país desde los años cuarenta, y que no ha hecho sino acentuarse en los últimos decenios, continúa siendo terreno fértil para la sátira social, por pedestre que ésta sea. Obligado a trabajar a partir del guión de Luis y Janet Alcoriza, una especie de fábula moral que retrataba los excesos de la incipiente burguesía mexicana de aquellos años, Buñuel filmó una de sus películas menos relevantes, apenas punteada por sus buenas actuaciones (con Fernando Soler en el papel del Calavera) y una mirada que se regodea en desnudar algunos de los tics y las manías de esa incipiente clase social que, una vez cerrada la etapa revolucionaria, estaba a punto de adueñarse de México.

Setenta años después, los excesos de los personajes de Buñuel se han convertido en benévolas caricaturas frente al imparable ascenso de los millonarios mexicanos, los cuales desde que se inició la liberalización de nuestra economía en los años ochenta no han encontrado límite alguno a sus ambiciones. Lo que en Buñuel era una lección de moral dada a esos rancios petimetres, se transforma en manos de Alazraki en una suerte de lavado de cara de nuestros pirrurris, yuppies, hipsters y mirreyes, quienes con una mínima presión parecen capaces de redimirse y de demostrar que son tan frágiles y humanos como cualquiera.

149

La trama de Nosotros los nobles —las múltiples referencias a la época de oro del cine mexicano resultan tan superficiales como vanas— es de sobra conocida, así que no temo arruinarle la tarde a quien aún no la haya visto. Un rico empresario viudo de pronto se da cuenta de que sus tres hijos, la fresa Barbie (Karla Souza), el yuppy Javi (Luis Gerardo Méndez) y el hipster Charlie (Juan Pablo Gil), malgastan sus días y su fortuna en toda suerte de excesos, desde las borracheras del mayor hasta los desliz es eróticos del menor, pasando por el amorío de Barbie con el insufrible Peter. A fin de darles una lección, Germán Noble finge que el sindicato de sus empresas ha descubierto un fraude millonario, confiscando sus propiedades y obligándolos a vivir como pobres, refugiados en la casona abandonada del abuelo.

A partir de esta premisa —calcada de la de Buñuel—, cada uno de los hijos irá descubriendo sus errores al enfrentarse a la dura realidad del mundo, convirtiéndose (en teoría) en seres humanos más responsables y solidarios. Así, Barbie dejará a Peter —exhibido como un pícaro, más que como un malvado— y se enamorará de Lucho, el hijo de la sirvienta con quien coqueteaba desde niña, mientras que Javi montará un negocio con los amigos que conoció como chofer de microbús y Charlie al fin encontrará a una novia de su edad. Revelado el engaño del padre, se suceden los previsibles enojos de los hijos, la reconciliación y el ineludible final feliz.

Desde las obras de Aristófanes, Plauto, Lope o Molière, las grandes comedias siempre fungieron como termómetros de la sociedad. Al ridiculizar a los avaros, los presumidos o los sabihondos —a los poderosos—, sus autores mostraban las llagas de su época y, en los mejores casos, se convertían en catalizadores del descontento o la frustración. No puede exigirse que todas las comedias busquen esta dimensión artística, pero que la película más vista en México en los últimos años sea una burda reivindicación de nuestros ricos, los cuales a pesar de sus defectos terminan por despertar todas nuestras simpatías, la convierte más bien en cómplice del statu quo.

Cuando casi al final del filme Germán Noble le revela la verdad a sus hijos, Barbie no puede creerlo y le recuerda a su padre el momento en el que les anunció que el sindicato había clausurado sus empresas. A lo cual Noble responde, en la única línea verdaderamente ácida de la película (que no tardará en quedar sepultada bajo de la melosa reunificación familiar): "Si ni siquiera tenemos sindicato". Poco importa: aún así los queremos.

La violencia en el espejo

Si bien la película aún no se ha estrenado en las salas mexicanas, numerosos observadores ya nos han puesto sobre aviso de las atrocidades que contiene, reconcentradas en los largos minutos en que, en un primerísimo primer plano, los espectadores nos veremos obligados a contemplar una secuencia en la cual un individuo debe soportar que le quemen los testículos. El premio al mejor director concedido por el Festival de Cannes a Amat Escalante por Heli (2013) no ha contenido las rabiosas o escandalizadas quejas de quienes asumen que este aparente regodeo en la tortura no hará sino exacerbar la violencia que persiste en nuestro país.

No es la primera vez que Escalante es increpado por mostrar el horror de maneras tan directas como escalofriantes: baste recordar que en Los bastardos (2008), galardonada como mejor película en el Festival de Morelia, una mujer recibe un disparo que le descerraja la cabeza en dos mitades. Desde luego, las acusaciones contra el director mexicano no son las primeras en aparecer en los medios contra otras representaciones artísticas de la violencia que, a ojos de quienes las esgrimen, enrarecen aún más las terribles condiciones de seguridad que padecemos. En el fondo, el argumento contra las películas de Escalante reitera el empleado por el gobernador que trató de impedir la radiodifusión de narcocorridos: la idea de que las representaciones imaginarias de la violencia aumentan la violencia, o que la exaltación de los delincuentes en una pieza musical — o en una película o en una novela— se convierte en un aliciente para que un mayor número de jóvenes esté dispuesto a aventurarse en una carrera delictiva.

A la pregunta sobre si la violencia en la ficción contribuye a generar conductas violentas en la realidad, la respuesta que dan la mayor parte de los expertos en ciencias cognitivas es un sí condicional. Dado que nuestros cerebros no están diseñados para diferenciar las imágenes que provienen de la realidad de aquellas que surgen de la imaginación — excepto al asociarlo con una percepción precisa—, una exposición continuada a escenas violentas en libros, películas, series o videojuegos sin duda puede volvernos más insensibles y puede lanzarnos a imitar o repetir esos modelos que ya hemos vivido a través de estas ficciones. Esta tendencia no implica, sin embargo, que los aficionados a los filmes gore o a los videojuegos de guerra por fuerza se vayan a transformar en mercenarios o

151

asesinos seriales. Y, por ello, resulta absurdo pensar que la mejor manera de combatir el crimen radique en censurar estas manifestaciones.

Asumir que la prohibición de corridos que exaltan a los capos del narcotráfico o limitar las escenas hiperviolentas en el cine o la televisión es una medida efectiva contra cárteles y mafias no sólo es una muestra de inocencia política, sino del más puro cinismo. Frente al dilema entre censurar obras artísticas que podrían aumentar nuestra afición por la violencia, y proteger la libertad de expresión, las autoridades siempre deberían de decantarse por la segunda, pues ésta constituye una de sus obligaciones primordiales.

Como señala el sociólogo francés Michel Maffesoli, la violencia es consustancial a las comunidades humanas —y a la suerte de la civilización— y, en lugar de simplemente negarla o silenciarla, como se ha intentado en vano en distintos momentos de la modernidad, tendríamos que aprender a considerarla una parte esencial de las fuerzas que animan nuestra vida social. De allí que las representaciones de la violencia en el arte, incluso las más grotescas y explícitas —como la ejecución de la mujer estadounidense en Los bastardos o la brutal secuencia de tortura en Heli—, adquieran un carácter casi ritual que no sólo nos permite sublimar nuestros instintos de muerte, como querría el psicoanálisis, sino asumir, con todo su horror, su presencia entre nosotros. Gracias a la inclusión de la violencia en los territorios del arte —de La Ilíada a Los fusilamientos del 3 de mayo y de Guerra y paz a Apocalypsis Now— hemos podido aquilatar su verdadera dimensión y, sobre todo, comprender mejor sus causas y sus consecuencias, así como los motores que se hallan detrás de ella.

Sólo los niños deberían conservarse al margen del constante bombardeo de imágenes violentas en televisión y videojuegos, pues éstas no hacen sino inculcarles patrones de agresión cuando sus cerebros aún no han recibido suficientes antídotos —modelos éticos y morales, ejemplos de altruismo y cooperación— que les permitan contrarrestarlos por sí mismos. En todos los demás casos, tendríamos que exigir que, en vez de preocuparse por censurar a Los Tigres del Norte o rasgarse las vestiduras frente a películas que en teoría no hacen más que perturbar la imagen de México como Heli —de protegernos contra la ficción—, políticos y comentaristas estén más pendientes por denunciar, combatir y limitar la injusticia y la impunidad que campea en nuestras calles.

Ciudadanos

En el primer capítulo de Newsroom, la nueva serie de Aaron Sorkin, el célebre comentarista Will McAvoy (Jeff Daniels) aparece en un panel universitario para hablar sobre su trabajo cuando una estudiante —alta y rubia— le pregunta, con la candidez y suficiencia que se asocia a sus compatriotas, por qué considera que Estados Unidos es la nación más grande del planeta. McAvoy evade la cuestión con un par de chistes pero, creyendo entrever en el público a su antigua novia y productora, responde con brutalidad: "No lo es". Y, tras humillar a la chica, se lanza en una perorata sobre los motivos de esta debacle.

Aunque nadie pone en duda las dimensiones de la libertad y el progreso alcanzados por Estados Unidos, nada resulta más chocante para quien ha vivido en este país —o para quienes comparten con él una frontera de dos mil kilómetros— que la grandilocuente retórica en torno a su identidad, encarnada en la pregunta y en la actitud de la estudiante, pero que se advierte en todos los ámbitos. Sus habitantes se sienten profundamente orgullosos de sus logros —de habitar, como reza su himno, the land of the free—, por más que la historia de Estados Unidos sea la de una larga y azarosa lucha por la libertad —y la igualdad— de aquellos que, en un momento u otro, se hallaban en los márgenes de la sociedad y no eran considerados parte de los "valientes" que habían fundado la nación.

Por más admirables que resulten en el contexto de la época, tanto la Declaración de Independencia de 1776 como la Constitución de 1787 señalaron la libertad e igualdad entre los hombres —siempre y cuando fuesen eso, hombres blancos mayores de edad. Tendrían que pasar casi ocho décadas y una guerra civil antes de que se aboliese a esclavitud —sin que ello significase la igualdad entre negros y blancos, conseguida hasta el último tercio del siglo pasado. Siempre en un escalón inferior, las mujeres no consiguieron la plena ciudadanía hasta 1920, con la aprobación de la Decimonovena Enmienda. Y todavía hoy los jóvenes de entre 16 y 21 años pueden ser juzgados como adultos —e incluso ejecutados como tales— pero no pueden consumir alcohol.

Más preocupante resulta la condición de otras minorías: homosexuales y extranjeros. El falso debate sobre el carácter conservador del matrimonio resulta irrelevante en estos términos: si dos personas, del sexo que fuere, deciden mantener una unión formal con consecuencias a largo plazo, la ley no tendría por qué restarles ese derecho. Del mismo modo que tampoco debería negarle a dos hombres o dos mujeres la posibilidad de adoptar. El reciente dictamen de la Suprema Corte de   Justicia es un gran paso en este sentido; por desgracia, la plena normalización depende en buena medida de cada estado. (En México se vive la misma situación: matrimonio igualitario y capacidad de adopción en el DF, y discriminación en el resto del país).

Pocas naciones conceden tan pocos derecho a los extranjeros (no por nada llamados aliens) como Estados Unidos. Herederos de un concepto restrictivo de que proviene del Imperio Romano, la ciudadanía se convierte en nuestros días en el principal pretexto para la discriminación. De nuevo: pese a los siglos que han transcurrido desde su Constitución y la Declaración Universal de los Derechos del Hombre y del Ciudadano de 1789, aún no hemos sido capaces de asentar que la ciudadanía —y los derechos que conlleva— han de ser aplicados a todos los seres humanos que viven y trabajan en una comunidad, sin importar su lugar de nacimiento.

En contra de lo que proclama el discurso patriótico —Estados Unidos como melting pot—, la reacción del medio blanco protestante contra los inmigrantes ha sido una constante en su historia. Irlandeses, italianos y judíos fueron vistos en el pasado como amenazas y sufrieron duras restricciones de entrada (lo cual impidió la salvación de miles de judíos durante la segunda guerra mundial, por ejemplo). Lo mismo ocurre hoy con los mal llamados "inmigrantes ilegales", en especial de origen mexicano: 11 millones de personas que contribuyen a diario a la economía estadounidense.

Tras años de negarse a verlos —o de expulsarlos a mansalva—, el senado al fin aprobó una propuesta de reforma que podría concederles la ciudadanía luego de cumplir numerosos trámites y de pasar largos años en un limbo jurídico. La política, lo sabemos, es el arte de lo posible, y en este caso este camino ha sido el único conseguida por los sectores más progresistas del país —a cambio, eso sí, de un nuevo plan para "sellar la frontera" que contempla otro de esos siniestros muros que son uno de los mayores símbolos de la discriminación en el planeta. Y ni así los republicanos parecen sentirse satisfechos.

Pese a su tono provocador, McAvoy dijo que Estados Unidos ya no era la nación más grande del planeta, pero podría volver a serlo. Para esos 11 millones, la aprobación de esta ley sería una gran victoria, pero la sólo idea de que para ello es necesario pactar la construcción de un muro reforzado demuestra la perversión implícita en el lema "the land of the free".

El centro y las orillas

Primer caso. La escritora más famosa —y rica— del planeta publica una ácida comedia suburbana que en nada recuerda a sus obras anteriores, dedicadas al público infantil. La expectación es inmensa: sin atreverse a decirlo, los críticos esperan su fracaso con la misma impaciencia de los fanáticos que se plantan en las librerías por un ejemplar de Una vacante imprevista. Como se esperaba, las reseñas resultan condescendientes cuando no demoledoras. Su autora, coinciden, tuvo un golpe de suerte con Harry Potter, pero sus recursos literarios no alcanzan para una empresa más seria (y aun así, vende millones). Entonces J.K. Rowling decide escribir una novela policíaca con un seudónimo celosamente custodiado. Desprovista de la fama asociada con su nombre, The Cukoo's Calling, firmada por un tal Robert Galbraith, recibe elogiosas críticas y vende unos 1500 ejemplares. Prevenida por un tuit anónimo, la presa la desenmascara (y el libro pasa a ser número 1 en Amazon).

Segundo caso. Uno de los cineastas mexicanos más apreciados, capaz de convertir sus obsesiones en tramas tan deslumbrantes como rentables, realiza la película de mayor presupuesto de su carrera, un blockbuster de los grandes estudios para la temporada de verano. Tras haber trasladado sus historias delirantes y oscuras a otros proyectos hollywoodenses, y de tramar al menos una pieza perfecta —El laberinto del fauno—, la expectación en torno a su nueva aventura es enorme. Al final, Pacific Rim resulta lo anunciado: un banal blockbuster para el verano. Aunque los críticos intentan hallar algún toque personal —el cameo de sus actores-fetiche—, el abrumador espectáculo de robots contra godzillas podría haber sido dirigido por cualquier otro director. De Guillermo del Toro, poco más que su nombre.

Tercer caso. Se cumplen diez años de la muerte del escritor en lengua española más apreciado por la crítica y más venerado por los lectores del orbe desde García Márquez. Alguien que, tras la publicación de una decena de textos en sus últimos años de vida, se convirtió en un autor de culto entre los jóvenes latinoamericanos y luego en un gigantesco fenómeno de mercado. Traducido por doquier y representado por el agente literario neoyorquino más conspicuo, Roberto Bolaños dejó de ser el escritor marginal de su juventud, cuyos fracasos generacionales tan bien retrató en Los detectives salvajes, para alzarse como un icono global.

157

Apenas sorprende que quienes lo alabaron por ser un "escritor para escritores", un autor secreto, apreciado por unos happy few, sean los mismos que ahora lo menosprecian por encarnar la mainstream.

Si bien estos casos no tienen otro vínculo que la coincidencia temporal que los amalgamó en la prensa en estas semanas, pueden ser vistos como pruebas de la tensión entre la marginalidad y el centro que persiste en todas las áreas de nuestra cultura capitalista. Pese a las acusaciones de sus detractores, ninguno es un "producto del mercado": J.K. Rowling era una desempleada que escribió el primer volumen de Harry Potter en un café, a Del Toro le costó un ingente esfuerzo financiar su primer filme y Bolaño pasó largos años participando en concursos para publicar sus primeras narraciones. En los tres, el ascenso a la fama fue tan inesperado como merecido: dígase lo que se diga, Harry Potter contiene un mundo imaginario fabuloso, las negras fantasías de Del Toro están llenas de sabiduría y Los detectives salvajes y 2666 son las mejores respuestas a las novelas del Boom.

No obstante, al transitar de los márgenes al centro, estas obras no han podido escapar a la condición de mercancías de consumo global, para desazón de sus primeros fanáticos. Una vez allí, la maquinaria diseñada para acentuar su éxito resulta imparable: en cuanto un producto cultural produce millones de dólares, escapa al control de sus artífices (y se convierte en blanco de los exquisitos que creyeron descubrirlo). Aunque la codició, Bolaño no tuvo ocasión de padecer las desventuras de la fama, pero Del Toro y Rowling han tratado de enfrentarse a ella con distintas estrategias. El primero ha combinado sus proyectos más personales con sus incursiones hollywoodenses, en tanto que, al crearse un seudónimo, Rowling pretendió volver al anonimato de sus inicios.

Al final, sus intentos demuestran que, si se busca permanecer dentro del sistema, huir de la telaraña es imposible: la mayor paradoja de esta historia es que justo los creadores que más se han empeñado en retratar los márgenes de nuestra cultura —la magia y los monstruos infantiles o la bohemia artística latinoamericana— hayan terminado absorbidos por ese centro que tanto parecía repelerles. El cliché tiende a confirmarse: quienes habitan las orillas aspiran con todas sus fuerzas a viajar al centro y quienes han llegado al centro no hacen sino producir obras que reflejan su nostalgia por ese pasado marginal, sólo para que sus publicistas procedan a venderlas como modelos de integridad artística.

La venganza de Art Keller

"Adán escucha el aullido del hombre. Y la suave voz que pacientemente le hace la misma pregunta una y otra vez. ¿Quién es Chupar? ¿Quién es Chupar? ¿Quién es Chupar? Ernie les dice una vez más que no lo sabe. Su interrogador no le cree y empuja de nuevo el picahielo, restregándolo contra la tibia de Ernie." Destrozado, Ernie les da todos los nombres que se le ocurren, en vano. El agente de la DEA fue secuestrado días atrás por tres policías que, luego de dejarlo inconsciente, lo trajeron en presencia de Adán, Raúl y el Güero, los lugartenientes del Tío Barrera. El Doctor Álvarez le inyecta una jeringa con lidocaína, que lo despierta y le permite sentir el dolor. La tortura se prolonga durante horas. "Ernie Hidalgo existe ahora en un mundo bipolar. Hay dolor, y hay la ausencia del dolor, y es todo lo que hay." Harto de sus gritos, Raúl al fin tiene misericordia y ordena al doctor terminar con su sufrimiento. Obediente, Álvarez le inyecta una fuerte dosis de heroína y Ernie poco a poco se desprende del dolor, y de la vida.

Esta escalofriante escena proviene de El poder del perro (2005), la novela con la que Don Winslow quiso narrar los peores años del narcotráfico en México —sin adivinar que vendrían otros mucho peores—, desde el ascenso del todopoderoso Cartel de Guadalajara hasta su liquidación décadas más tarde. Valiéndose de una rigurosa documentación con la que alcanza un tono épico que no se encuentra en ninguna narconovela mexicana, Winslow optó por condensar a distintas figuras reales a la hora de crear a sus villanos, de modo que la familia Barrera, el Güero Méndez y los demás miembros de su banda contienen rasgos de Miguel Ángel Félix Gallardo, el Güero Palma, Amado Carrillo, Ernesto Fonseca, el Chapo Guzmán, el Mayo Zambada, los hermanos Arellano Félix y Rafael Caro Quintero. Esta licencia dramática no empaña el minucioso retrato de la época, centrada en el asesinato, acaso más brutal en la realidad, de Enrique Kiki Camarena —el Ernie Hidalgo de la novela—, y la venganza de Art Keller, un ficticio agente de la DEA, contra sus perpetradores.

Como se trasluce de un comentario del propio Winslow en Twitter, Keller no podría haberse sentido más ultrajado ante la reciente excarcelación de Caro Quintero, quien fuera detenido en Costa Rica el 4 de abril de 1985, extraditado a México y condenado a 40 años de prisión por el homicidio del agente estadounidense. En efecto, el pasado 9 de agosto el Primer Tribunal Colegiado de Circuito de Jalisco determinó la liberación del preso por irregularidades cometidas en el proceso, puesto que fue juzgado por una corte federal cuando este delito pertenecía al fuero estatal.

Al lado del Chapo Guzmán y acaso de Amado Carrillo, pocas figuras del narco han despertado tanta curiosidad y tanto morbo como Caro Quintero, quien no sólo ha inspirado numerosos corridos por sus hazañas criminales —en un rango que va de los Tigres del Norte a los Llaneros de Guamúchil—, sino por su supuesta historia de amor con Sara Cosío, sobrina de quien habría de convertirse en gobernador de Jalisco, quien fue encontrada desnuda y embarazada a su lado y no dudó en reiterarle su amor, para delirio de la prensa de nota roja —y rosa— que dio cuenta de la captura.

Aunque Art Keller, el agente mexicano-estadounidense del que se vale a Winslow, sea un personaje ficticio, su afán de justicia —o de venganza— se convirtió en una prioridad absoluta para la administración Reagan. Como uno de los Barrera afirma en la novela, los gringos pueden provocar masacres sin el menor remordimiento, pero no descansarán hasta castigar a quien asesina a uno de los suyos. De allí que a Miguel de la Madrid no le quedase otro remedio que dar resultados inmediatos (sin reparar en tecnicismos legales), consistentes en la captura de quienes se habían beneficiado por años de la complicidad de policías y políticos: Don Neto y Caro Quintero.

Una de las líneas narrativas que Estados Unidos ha convertido en su marca de fábrica es justo ésta: la idea de que todos los criminales —en especial los que asesinan policías gringos— pagarán por sus crímenes. La liberación de Caro Quintero quiebra drásticamente esta cosmovisión, por más que éste haya pasado 28 años en la cárcel. Para ellos, y en especial para los Art Keller reales, la posible huida de este "gallo muy fino" —como lo denomina en un corrido— supone una afrenta personal, y las presiones sobre el gobierno mexicano para recapturarlo no se han hecho esperar. Nadie duda de la eficacia y la contundencia de thrillers como el de Winslow, pero en términos simbólicos no hacen sino perpetuar la idea de que la lucha contra el narcotráfico se libra contra esos sujetos infernales como Caro Quintero, haciéndonos olvidar que si no fuera por las absurdas políticas prohibicionistas puestas en marcha por Estados Unidos —por otro lado muy bien descritas en la novela—, estos capos jamás habrían obtenido el poder que aún hoy disfrutan.

El mundo es blanco

Mientras realizaba la investigación para su primer libro, Roberto Saviano (Nápoles, 1979) acaso presentía su relevancia, pues se disponía a exhibir los escalofriantes mecanismos empleados por el crimen organizado en su ciudad natal, despojándolos del aura glamorosa que el cine hollywoodense suele conferirle a los mafiosos. Pero la publicación de Gomorra no sólo lo convirtió en una celebridad —cientos de miles de ejemplares vendidos y traducción a cincuenta lenguas—, sino que trastocó su vida de tajo: amenazado por los personajes de su libro, desde 2005 lleva una vida clandestina, rodeado de escoltas y operativos policíacos.

Por fortuna Saviano no se dejó intimidar y hace unos meses publicó en Italia su nueva obra, Zero zero zero, en torno al tráfico de cocaína. Valiéndose de un estilo que a veces suena forzadamente literario —y en sus peores momentos, banalmente filosófico—, Saviano persigue toda la cadena del narcotráfico, desde las plantaciones de amapola en Sinaloa y Colombia hasta su venta en Italia y Rusia o el lavado de dinero en Estados Unidos, pasando por la guerra contra las drogas mexicana, a la que dedica varios capítulos.

En el que titula "Big Bang", donde narra el ascenso de Miguel Ángel Félix Gallardo, el asesinato del Kiki Camarena y el surgimiento de los primeros cárteles, no duda en afirmar que en el embrionario pacto suscrito por Miguel Caro Quintero, los Carrillo Fuentes, García Ábrego, los Arellano Félix, el Mayo Zambada y el Chapo Guzmán, se finca el mundo contemporáneo. "Ese poder hay que observarlo, mirarlo directamente al rostro, a los ojos, para comprenderlo", escribe. "Ha construido el mundo moderno, ha generado un nuevo cosmos. El Big Bang surgió de aquí."

A salto de mata, al acecho de los asesinos que ha denunciado, Saviano ha sido una clara víctima de ese poder, si bien la grandilocuencia que contamina su relato —la del profeta que se juega la vida señalando a los culpables del Caos— a veces le hace perder de vista un plano más amplio, un plano en el que ese poder criminal existe sólo por la conjunción de un poder ideológico y otro económico que, al obstinarse en penalizar el consumo de drogas, así lo han querido. En su radiografía se echan de menos los resortes que han determinado esta obcecada prohibición.

Tras un formidable preludio, donde demuestra que la cocaína nos rodea por completo —un monólogo interior propio de una novela—Saviano se aboca a desvelar el itinerario de los capos mexicanos, desde Félix Gallardo hasta el Chapo, confiriéndoles un aura casi épica que resultaba más lograda en una ficción como El poder del perro de Dan Winslow. Sin jamás citar sus fuentes (algo extraño en quien ha sufrido el acoso tanto como los reporteros mexicanos que bucearon en esta historia antes que él), se limita a repetir hechos que para nosotros quizás resulten demasiado conocidos, pero que a un lector extranjero no dejarán de asombrar por su crueldad. Por desgracia, al centrarse en las exageradas vidas de los capos, apenas profundiza en las condiciones sociales y políticas que animaron su crecimiento, reiterando una vez más la narrativa oficial que ve en esos monstruos el punto nodal del conflicto. Y, como en tantos otros estudios, sigue faltando un recuento pormenorizado de cómo funcionan las bandas criminales en Estados Unidos, el mayor consumidor del orbe y el principal responsable de la guerra.

Mucho más interesante resulta el capítulo dedicado al lavado de dinero, donde Saviano relata cómo los grandes bancos globales, como Wachovia o HSBC, están al servicio de los cárteles sin recibir más que insignificantes multas. Allí, también vuelve a narrar el caso de Raúl Salinas de Gortari, según los rumores ligado a diversos cárteles, y expone el mecanismo empleado por Citibank para auxiliarlo en sus maniobras. En su afán por exponer cada arista de la cocaína, Saviano realiza estupendos retratos íntimos —desde los gorilas de la mafia rusa hasta las modelos de Medellín, pasando por criminales de cuello blanco, políticos y asesinos a sueldo—, así como fascinantes crónicas de los abstrusos intercambios emprendidos para transportar la droga de un confín a otro del planeta, aunque en su afán de literaturizar sus pesquisas incluso se aventura a incluir un chirriante poema sobre la coca.

Al final, luego de dibujar a los actores de este drama shakespereano, de desentrañar las estratagemas del crimen y de exponer su zafiedad y su barbarie, Saviano padece una incomodidad desgarradora. "He mirado al abismo y me he convertido en un monstruo", confiesa en el epílogo. Un epílogo de unas pocas páginas en el que concluye, reticente: "Por más que pueda parecer terrible, la legalización total de la droga podría ser la única respuesta. Quizás sea una respuesta horrenda, horrible, angustiosa. Pero la única posible para bloquearlo todo." Tal vez sólo por ser alguien que ha mirado al crimen a los ojos, y ha desentrañado con fascinación su modus operandi, deberíamos hacerle caso.

Los funerales del crítico

Tan admirado como odiado. Y, sobre todo, tan temido. Marcel Reich-Ranicki, el mayor crítico literario de Alemania y acaso del mundo. Una palabra suya era capaz de construir una reputación o de destruirla de un plumazo. Siempre agudo, siempre lúcido, siempre implacable. Se dice que, cuando huyó de Polonia en 1958, Heinrich Böll lo ayudó a encontrar trabajo en la redacción de Die Zeit y aún así él no tuvo empacho en despedazar su nueva novela (al toparse con él en una fiesta, éste le dio un abrazo al tiempo que le susurraba: "imbécil").

Miembro de una familia judía alemana, Reich había nacido en Varsovia en 1920, y para inicios de 1939 se desempeñaba como intérprete del Consejo Judío en dicha ciudad. El mismo día en que fue trasladado a Treblinka, contrajo nupcias con su esposa, con la cual logró escapar del gueto en 1943, sumándose a la resistencia polaca con el seudónimo Ranicki. Al término de la guerra trabajó como diplomático —y espía— en Londres, hasta que fue expulsado de su puesto por "divergencias ideológicas". Harto de confrontarse con la censura, escapó a Alemania y pasó a formar parte del célebre Grupo del 47.

Cuando se incorporó al programa de le televisión pública Cuarteto literario en 1980, ya era el crítico más elocuente —y feroz— de su generación, pero su presencia en los medios lo transformó en el "papa de la crítica" y semana a semana un ávido público seguía al pie de la letra sus recomendaciones. A los lectores les fascinaba la erudición y la ironía de quien había sido capaz de aparecer en la portada de Der Spiegel desgarrando un ejemplar de Es cuento largo de Günther Grass. (Otro de los escritores vilipendiados por él, Martin Walser, lo asesinó en su novela La muerte de un crítico.)

Reich-Ranicki se convirtió en el modelo a seguir por críticos literarios de medio mundo. Muchos de ellos no añoraban tanto su profundidad o su vehemencia, como su posición: la capacidad de ser escuchado por miles —si no, como en Alemania, por millones— de lectores, de fijar el gusto de su época y de poner en su lugar a los escritores de su entorno. Durante décadas su ejemplo fue imitado por doquier, como si la única medida de la independencia de un crítico fuese su violencia —o su mala leche.

La reciente muerte de Reich-Ranicki sella, sin embargo, el final de una época. Sus funerales también son los de un momento de la cultura en el que una voz (o, en el mejor de los casos, unas pocas voces) determinaba el valor de una obra. Tal como ha ocurrido en otros ámbitos —las columnas políticas, por ejemplo—, la desaparición de estas figuras totémicas, la crisis de los medios impresos y la proliferación de los comentarios en Internet o en redes sociales hacen imposible que este sistema jerárquico se prolongue por más tiempo.

Para sus seguidores, esta transformación supone una grave pérdida: al carecer de intermediarios respetados —de augures confiables—, el público queda sometido a los intereses del mercado, preocupado sólo por vender librosvendiulturales c sin reparar en su calidad artística. Sin duda, uno puede sentir nostalgia por ese pasado en el que bastaba abrir el Frankfurter Allgemaine Zeitung —o Vuelta o los grandes suplementos literarios que hubo en México— para saber qué valía la pena leer y qué no. Para bien o para mal, hoy eso es imposible: para seleccionar un libro —o una película, o un restaurante—, el público prefiere guiarse por comentarios en Facebook y Twitter y en especial por las reseñas de otros usuarios en sitios como Amazon o Goodreads.

En contra de lo que algunos quieren hacernos creer, quizás esta mutación no sea tan dañina: un estudio realizado por Loretti I. Dobrescu, Michael Luca y Alberto Motta para la Harvard Bussines Review ("What Makes a Critic Tick", revisado en 2013) parece demostrar que los lectores comunes tienden a coincidir con los críticos profesionales a la hora de discernir la calidad de una obra, tal vez gracias a lo que se conoce como "sabiduría de las multitudes". Con algunas ventajas: los lectores comunes se muestran más receptivos frente a los nuevos autores y no se dejan influir por los lazos personales o las disputas grupales que tienden a nublar el juicio de los críticos profesionales, cuyas opiniones —pese a la creciente brutalidad de sus diatribas— se han vuelto casi irrelevantes.

Por supuesto, el nuevo modelo también posee desventajas: autores y editores se han atrevido a falsear las reseñas de lectores anónimos, la publicidad excesiva resulta más efectiva en ellos y, para formarse un juicio, uno ha de eludir las estrellitas y adentrarse en la lectura de una docena de reseñas de usuarios, pero a la larga esta "democratización de la crítica" no suena tan perversa como denuncian sus adversarios.

Ello no significa que dejemos de llorar la muerte de figuras como Reich-Ranicki —"el hombre que nos enseñó a leer", según un diario alemán—, pero quizás al mismo tiempo debamos celebrar, con cautela, la aparición de miles de críticos sin papeles.

Han vuelto

"Recuerdo que me desperté, sería después del mediodía. Abrí los ojos, vi el cielo sobre mí. Era azul, con pocas nubes; hacía calor y supe al momento que el calor era excesivo para abril. Casi se podía decir que era un calor de verano." Quien habla no es otro que Adolf Hitler, quien un buen día de 2011 despierta en Berlín, vestido con su chamuscado uniforme militar, como si nada hubiese pasado. Con más de un millón de ejemplares vendidos en Alemania, Ha vuelto, de Timur Vermes (2013) se alza como una desopilante sátira, más que del propio Hitler, de la Alemania Federal en la que éste se descubre de pronto.

Como si las décadas trascurridas desde su suicidio en 1945 hubiesen sido un paréntesis, Adolf conserva la misma edad de entonces —y las mismas ideas. Tras vagabundear sin rumbo y analizar con idénticas dosis de agudeza y azoro las transformaciones sufridas por la Patria desde el final del conflicto armado, un quiosquero le ofrece refugio y él no tarda en comprender que Alemania lo necesita tanto como en 1933. A partir de aquí, la imaginación burlesca de Vermes alza el vuelo y, tras una serie de aventuras propias de un pícaro del Siglo de Oro, nuestro héroe —nuestro antihéroe— se incorpora a la sociedad del espectáculo al participar en la emisión televisiva de un célebre comediante que, no por casualidad, es de origen turco.

Sin jamás silenciar sus convicciones, que como antaño van de su profundo desprecio hacia las instituciones democráticas a un odio serbal hacia los extranjeros, Hitler es recibido por la audiencia con idénticas dosis de asombro y escándalo. Mientras para unos no es más que un bufón que desgrana proclamas de mal gusto, para otros —intelectuales y periodistas liberales incluidos— es un lúcido analista que pone en evidencia las peores facetas de la Alemania unificada. Protegido por la directora de la cadena, aplaudido por la crítica (se hará acreedor al Premio Grimme, el más importante de la televisión germana) y venerado el público, Hitler se convierte en una estrella de los medios —igual que antes. Sus dotes histriónicas se mantienen intactas, lo mismo que su capacidad para polarizar a quienes lo escuchan. En cualquier caso, nadie sale indemne ante sus arengas y ante la manera en que exhibe, sin cortapisas, las aristas más banales, mezquinas o contradictorias de los políticos democráticos con quienes se enfrenta.

El dispositivo humorístico de Vermes se despliega, así, en una doble vía: a la vez que presenta al Führer como el payaso histérico que fue en la realidad, utiliza todos los clichés asociados con su figura para mostrar la propensión alemana a venerar a figuras de esta calaña. Y, al tiempo que contrasta su anquilosado discurso de odio con la banalidad políticamente correcta de nuestros actuales dirigentes, se mofa de la hipocresía alemana frente a temas como la inmigración turca, la Unión Europea, los alegatos ecologistas o los derechos humanos.

Aunque en los años treinta y cuarenta no dejaron de aparecer virulentas caricaturas del líder nazi, entre las que sobresale El Gran Dictador de Chaplin, en nuestros días no deja de resultar arriesgado utilizar al mayor villano de la Historia, responsable de millones de muertes, como personaje central en una novela "cómica". Vermes sale bastante bien librado de la proeza, pues si bien procura no centrarse en los episodios más atroces de su carrera —"La cuestión judía no es graciosa", admite su personaje en cierto momento—, tampoco los evita e incluso, al referirse a la "cuestión turca", llega a actualizarlos.

Aun así, la obra deja un regusto amargo, no tanto porque asiente la posibilidad de que un monstruo como Hitler pudiese recuperar su lugar en nuestra vida pública —así sea como provocador televisivo—, sino porque la voz de Hitler que escuchamos sin tregua termina pareciendo, si no simpática, al menos tolerable. Sin duda, el golpe de ingenio de Vermes resulta desternillante —por ejemplo, cuando una panda de neonazis golpea al propio Führer llamándolo "perro judío" o cuando éste intenta formalizar un pacto con el Partido Verde—, pero se queda corto al examinarlo desde dentro.

Sin duda ha transcurrido ya el tiempo suficiente para que el humor pueda servir otra vez como herramienta para destripar a un individuo como Hitler, pero, acaso demasiado engolosinado con su ocurrencia, Vermes no consigue que la risa se nos congele en el rostro al observar de cerca a su personaje, quien termina convertido en un pobre diablo que triunfa por repetir obsesivamente su ideario en una época que se limita a celebrar cualquier salida de tono. Como sea, para imaginar el impacto que una novela semejante podría alcanzar en nuestro contexto, habría que imaginar un escenario equivalente, por ejemplo una novela en la que alguno de nuestros lamentables tiranos, como Gustavo Díaz Ordaz, resucitase en 2013 y, decepcionado ante la pérdida de los valores nacionalistas del PRI, coquetease con la posibilidad de incorporarse a Morena.

Mutantes digitales

Observémoslos de cerca, como si perteneciesen a una nueva especie o, más probablemente, como si fueran una mutación de la nuestra. A los cinco o seis años —tres o cuatro, en casos extremos— se encuentran ya abrumadoramente rodeados de pantallas: pasan de la omnipresente televisión a sus primeros videojuegos con la naturalidad con que los niños del pasado transitaban de los cuentos que les leían sus padres a armar legos o jugar al futbol. Su primer contacto con el mundo exterior a la familia se moldea allí, entre los dibujos animados —cada vez menos realistas, con lógicas cada vez menos aristotélicas— y las infatigables pruebas que deben atravesar Mario Bros y sus émulos de un nivel a otro.

Cuando no han llegado a la adolescencia, a los doce o trece, ya poseen una tableta —nos referimos sólo a los especímenes de las clases pudientes— o una computadora portátil, se conectan a internet y se comunican por correo electrónico, resuelven sus tareas con la grácil ayuda de Google y la Wikipedia y, esquivando los controles parentales, se han inscrito en Facebook falsificando sus edades. Para entonces ya han aprendido a desconfiar de su memoria para valerse de la memoria ampliada de la Red —ajustándose, sin saberlo, a la jerarquía de sus algoritmos—, se han acostumbrado a migrar de una pantalla a otra en segundos y han comenzado a crearse identidades más parecidas a sus deseos que a la realidad. Entretanto, sus padres y maestros (tan esforzadamente digitales) no se cansan de reprenderlos, deja ya esa computadora, si no sacas buenas notas te quitamos la tableta, no puedes usar Facebook todavía, olvídate de un iPhone, y los acusan de tener una atención dispersa, de no leer libros en papel, de permanecer encerrados en vez de correr libremente por el parque.

A los dieciséis o diecisiete, en verdad ya son miembros de otra raza, si no de otro planeta. El día entero entre el teléfono inteligente, la tableta, la computadora y, en menor medida, la televisión y el cine. Allí se descubren a sí mismos, allí aprenden lo bueno y lo malo, allí se enamoran y allí sufren, allí viven. A esas alturas, sus padres y maestros han abandonado la carrera: imposible limitar a esos seres incontrolables, imposible sacarlos de allí. (Por otro lado, los adultos tampoco dejan su maldito iPhone ni a la hora de comer.)

Los jóvenes con naturalidad, y los mayores con cierta culpa, comparten la misma adicción, sólo que los segundos no paran de quejarse, mientras que los primeros se aíslan con sus audífonos. Para ese momento, unos y otros pasan horas y horas en las redes sociales. ¿Y qué hacen allí? Antes que nada, se exhiben y escudriñan las vidas de los otros. En Facebook y con la ayuda de Instagram, Pinterest y Twitter, lo primero es modelarse un yo a la medida: un perfil —una máscara. En aras de que ésta sea popular y reciba cientos de "me gusta", poco importa la intimidad, en el añejo sentido del término, y mejor atiborrar las cuenta con fotos y comentarios impúdicos que pasar inadvertido. Pulsión que se complementa con la de entrometerse en las historias ajenas — estalquear, en la jerga del género— con tanta envidia como morbo. Los críticos nostálgicos (la mayoría) deploran lo ocurrido, como si la época en que los adolescentes ligaban en discotecas fuese una edad de oro. Los neomarxistas sostienen que la forma de "venderse" y buscar desesperadamente la fama en Facebook o Twitter replica lo peor del capitalismo salvaje. Y los neoconservadores alertan sobre los infinitos peligros de ese espacio sin dioses ni reglas morales, a caballo entre la fantasía y el crimen. En el otro bando, geeks y gurús de internet sólo remarcan las ventajas de construirse identidades a modo, de eludir todas las fronteras, de cooperar en proyectos desde mil sitios diferentes, de poder ser anónimo y descarado en la Red.

Y, en medio de estas disputas, estados y empresas se baten en auténticas guerras para conservar o aumentar su poder y sus ingresos aprovechándose de los resquicios del nuevo entorno. Gobiernos como el estadounidense y empresas como Google o Facebook no parpadean a la hora de apoderarse de todos los datos de sus usuarios —antes llamados ciudadanos— al tiempo que buscan escamotear la mayor cantidad de información por "motivos de seguridad" corporativa o nacional. La gran pregunta que subyace a esta mutación —imposible darle otro nombre— es si nos hace más o menos libres. La respuesta no es, por supuesto, sencilla. Pero, en medio de la confusión, sólo valdría tener en cuenta que, nos guste o no, el mundo digital ya es nuestro mundo: la nostalgia de un pasado idílico sólo estorba cuando hay batallas urgentes qué librar, con los mismos instrumentos de la Red, para que los gobiernos sean verdaderamente más abiertos, para que las empresas tecnológicas y los servicios de seguridad respeten a sus usuarios y para que, contrariando la tendencia de las últimas tres décadas, nuestras sociedades sean cada vez menos injustas.

Ser Julian Assange

El primer retrato apenas se aleja de las películas de superhéroes estilo Batman o El hombre araña, en las que un adolescente —de preferencia solitario e inadaptado, si no de plano freak— descubre, a la par de sus poderes, su desgarradora misión en la Tierra. En la película australiana Underground, de Robert Connolly (2012), es posible seguir al testarudo y brillante Julian en el camino de transformarse de un inseguro fanático de la tecnología en uno de los hackers más relevantes de nuestro tiempo.

Aunque fiel a los hechos, el biopic no elude las convenciones del género: educado por una hippie que huye con sus hijos de un confín a otro al ser perseguida por un exesposo ligado a una secta supremacista, el joven Julian crece sin otra atadura que las computadoras. Cuando por fin se instala en un suburbio de Melbourne, nuestro héroe se rodea de un trío de geeks que lo ensalza como líder y, valiéndose de su destreza como programador —y un talento natural para la manipulación—, se infiltra en la red militar de Estados Unidos, donde descubrirá las atrocidades de la Primera Guerra del Golfo que años después lo conducirán a fundar Wikileaks. Los villanos en esta suerte de precuela son un veterano policía y su asistente, quienes no descansan hasta cazar al grupo anarquista provocando la traición de uno de sus miembros: un antecedente que tendrá un profundo impacto en la paranoia de nuestro héroe, quien será acusado de 24 delitos, si bien su sentencia será rebajada por razones familiares. La conclusión es obvia: pese a este fracaso, el destino de Assange se encuentra cifrado en esa primera inmersión en los secretos del poder.

Mucho más equilibrado —y astuto— resulta el documental We Steal Secrets (Nosotros robamos secretos), de Alex Gibney (2013), que comienza donde terminaba Underground. Aquí, las excentricidades de Assange se ven compensadas con las de otros personajes tan inquietantes como él: Bradley Manning —ahora conocido como Chelsea—, el perturbado analista militar que le filtró miles de cables confidenciales; Adrian Lemo, el odioso hacker que lo denuncia; e incluso el sosegado —y vengativo— Daniel Domscheit-Berg, el fiel-escudero-convertidoen-detractor.

Cuidándose de ofrecer puntos de vista contrastantes, Gibney articula un relato tan apasionante como un thriller por medio de una poderosa imaginería visual. Sin mostrar una agenda demasiado explícita, no sólo

171

revela los resquicios opacos de sus personajes, sino que pone sobre la mesa, sutilmente, los agudos conflictos éticos y políticos que plantean. Assange no es desde luego un héroe —un héroe impoluto—, pero tampoco un villano: no se exageran sus virtudes ni sus defectos, al tiempo que no se escamotean sus aristas más problemáticas, en particular las denuncias de asalto sexual (si bien una de las denunciantes aparece profusamente en pantalla).

En este contexto, la aparición de The Fifth Estate (El quinto poder) de Bill Condon (2013) parece tan redundante como predecible. El guión, basado en el libro de Domscheit-Berg y en otra pieza muy crítica con el fundador de Wikileaks, ha estado rodeada de polémica. Desde su refugio en la embajada de Ecuador en Londres, Assange no ha cesado de vapulearla —incluso le envió una amarga diatriba a Benedict Cumberbach, el actor británico que borda una desasosegante encarnación suya— y, en un guiño metatextual, la propia película culmina con una entrevista en la que (el falso) Assange la desprecia.

Guionista y director de El quinto poder parecen empeñados en demostrar que, si bien las intenciones de Assange pudieron ser loables, él es un sujeto moralmente detestable que siempre buscó resguardar sus secretos tanto como exhibir los ajenos. El equilibrio deviene falso, y uno entiende por qué los apóstoles de Assange han querido ver en esta superproducción la mano de la CIA. Es probable que el fundador de Wikileaks sea un manipulador egocéntrico —y acaso un predador sexual— pero, como se dice en We Steal Secrets, no deja de resultar sospechoso que todas las descalificaciones confluyan en su persona y en cambio Estados Unidos se abstenga de atacar a los medios que publicaron sus revelaciones —y que, en casos como el del New York Times y The Guardian, se han convertido en sus peores enemigos.

Como ocurría en Being John Malkovich, sin duda existen infinitos Assanges —como los que se multiplican, de forma un tanto pedestre, en El quinto poder—, pero si bien al inicio una figura tan poliédrica como la suya era necesaria para dar voz a Wikileaks, su protagonismo extremo, propiciado por su vanidad y usado en su contra por Estados Unidos, ha dispersado una cortina de humo sobre la parte más importante de su labor: los cables que muestran las mentiras y dobles raseros de los poderosos del mundo y, peor aún, los crímenes —en muchos casos, los crímenes de guerra— cometidos por ellos sin que nadie los persiga mientras nosotros debatimos si el cabello platinado de Assange es teñido o natural.

Nuestros Cervantes

La Atenas de Pericles. La Roma republicana. El Renacimiento italiano. El Siglo de Oro español. La Inglaterra isabelina. El Siglo de las Luces francés. El Romanticismo alemán. La Viena fin-de-siècle. Bloomsbury. La Generación del 27. ¿Cuál es la razón de que, en un tiempo y en un espacio bien definido, haya una acumulación de talento que parecería rebasar cualquier distribución lógica? ¿Cómo es posible que, en una época y un lugar determinado, convivan tantos seres excepcionales al lado de unos cuantos genios?

Sin abundar en los motivos de este fenómeno, sin duda ciertos lugares se han visto beneficiados, en momentos clave, por la actividad de individuos sorprendentes, capaces de descollar en algún área del conocimiento. De la literatura en el Siglo de Oro a la física en la Alemania de fines del xix y principios del xx, podría pensarse que la inteligencia llama a la inteligencia y que la simultaneidad de Lope, Calderón y Cervantes, o de Einstein, Heisenberg y Schrödinger, brota de una suerte de caldo de cultivo —un Zeitgeist o "espíritu de la época"— que, jalonado por unas cuantas mentes brillantes, se expande y contamina a muchas otras.

La concesión del Premio Cervantes a Elena Poniatowska parecería confirmar que, por lo menos en términos literarios, México —en el ámbito conjunto de América Latina— ha vivido unas décadas extraordinarias desde fines de la segunda guerra mundial (o desde la emblemática publicación de Pedro Páramo en 1955). Su galardón se suma a los de José Emilio Pacheco (2009), Sergio Pitol (2005) y Carlos Fuentes (1987), todos ellos parte de la Generación de Medio Siglo que, bajo el impulso de otro de nuestros Cervantes, Octavio Paz (1981), transformaron radicalmente nuestro panorama intelectual. Si bien los premios pueden resultar engañosos, pues responden a consideraciones que van más allá de lo puramente literario, en el caso de nuestros Cervantes deberían servirnos como guías de un momento excepcional de nuestras letras, animado tanto por quienes lo han recibido como por quienes, por un motivo u otro, no se hallan en la lista.

Por la resonancia de su obra en todo el mundo, Fuentes ha sido visto como cabeza de su generación, al tiempo que Pacheco, Pitol y Poniatowska forman una especie de equipo juvenil dentro de ella —en la que se echa en falta la ácida sensatez de Monsiváis—, pero entre unos y otros hay una buena cantidad de figuras que, con idéntica fuerza, despuntaron a partir de la publicación de la revista universitaria Medio Siglo (dirigida por el propio Fuentes), de la eclosión artística desarrollada en la Casa del Lago, la efervescencia de la revista de la Universidad de México, la Revista Mexicana de Literatura y el suplemento "La Cultura en México" de Siempre! y, poco después, a partir de su brutal confrontación con el poder priista durante el movimiento estudiantil.

De este modo, el Premio Cervantes a Elena Poniatowska —la voz que mejor catalizó las voces del 68—, debería impulsarnos a releerla a ella y a releer a sus compañeros de batallas: a Jorge Ibargüengoitia, que a últimas fechas ha gozado de un merecido revival en todo el ámbito hispánico por su mordaz descripción de la vida en México, a Salvador Elizondo y Juan García Ponce, autores de dos de las mejores novelas escritas en nuestro país, la concisa y perversa Farabeuf y la monumental e igualmente perversa Crónica de la intervención, a Inés Arredondo, creadora de algunos de los mejores cuentos mexicanos, a Juan Vicente Melo, cuya Obediencia nocturna le merecería ser rescatado de un injusto olvido, y, por supuesto, a Fernando del Paso, que con José Trigo, Palinuro de México y Noticias del Imperio creó el mayor fresco narrativo de nuestra época, paralelo a la "Edad del Tiempo" de Fuentes. Educados bajo el autoritarismo postrevolucionario y miembros de la incipiente burguesía que se consolidaba entonces, todos ellos vivieron las contradicciones de un sistema que se presentaba como una democracia sin serlo, y se aprestaron a demolerlo intelectualmente —fuese con el ácido humor de Ibargüengoitia, los esperpentos de La región más transparente, la irreverencia erótica de García Ponce o la crítica social de Poniatowska y Monsiváis—, decididos a que el lenguaje literario fuese el arma natural para combatir las dobleces e hipocresías de la lengua oficial. Aprovechemos, pues, el inicio de la Feria del Libro de Guadalajara para reivindicar el espíritu crítico de todos ellos, nuestros Cervantes.

Buenas personas

Thomas Heiselberg es una buena persona. Alemán empleado en la oficina berlinesa de una señera firma estadounidense —una de las pocas que, desoyendo las recomendaciones del departamento de Estado, mantienen negocios abiertos en Alemania—, ha preparado estudios que han permitido su consolidación en el mercado. Como muchos de sus contemporáneos, detesta el antisemitismo —de hecho, se analiza con una judía—, considera que los líderes nazis son unos mentecatos que no tardarán en ser defenestrados e intenta mantenerse al margen de la política. Pero, cuando en septiembre de 1939 Hitler ordena la invasión de Polonia, Thomas no duda en ofrecer sus servicios a las autoridades del nuevo Gobierno General. Allí, constatará que sus eficientes modelos de gestión serán responsables de buen número de muertes, pero ni así abandonará su encargo.

No muy lejos de allí, en la Unión Soviética —entonces todavía aliada de Hitler—, Alexandra Weiesberg también es una buena persona. Hija de un par de intelectuales judíos, se ha prestado a colaborar con la policía secreta de Stalin con el único fin de salvar las vidas de sus hermanos. A tal efecto, se ha prestado a delatar al círculo de sus padres —y a ellos mismos—, en una disyuntiva que recuerda la vivida por la protagonista de La decisión de Sophie de William Styron (brillantemente encarnada por Meryl Streep en la película homónima).

Estas dos figuras, cuyos destinos confluyen trágicamente en Brest poco antes del inicio de la operación Barbarroja, son los protagonistas de Las buenas personas (2010) de Nir Baram, la primera novela israelí que se atreve a abordar el Holocausto. Sólo que, a diferencia de lo que ocurre en buena parte de la ingente cantidad de libros y películas sobre el tema, Baram no ha querido regodearse en las atrocidades de los verdugos o en los actos de heroísmo o supervivencia de las víctimas, sino en esa zona gris —para usar el término de Primo Levi— habitada por quienes, con su pasividad o su silencio contribuyeron a que ocurrieran algunos de los mayores crímenes de la historia.

Como toda gran novela histórica, el mayor mérito de Las buenas personas radica en su capacidad para hablarnos del presente, más que del pasado. Porque esas buenas personas que toleraron la carnicería nazi son las mismas que luego prefirieron no escuchar las noticias que alertaban

175

sobre los genocidios de Camboya o la antigua Yugoslavia, de Ruanda o Darfur. Porque esas buenas personas siguen aquí, indiferentes a los horrores que se cometen a unos pasos. Porque esas buenas personas somos nosotros. Para constatarlo, basta leer otra deslumbrante novela política, en este caso mexicana: La fila india (2013) de Antonio Ortuño.

Hace unos días, mientras el taxista me llevaba del aeropuerto de Guadalajara rumbo a mi hotel, me tocó observar, al lado de las vías del tren, las filas de inmigrantes centroamericanos que, obligados por una razón u otra a descender de La Bestia —el infame tren que los conduce desde la frontera sur hasta la frontera norte—, mendigan un trabajo a poca distancia de las instalaciones en donde se celebra la Feria del Libro. Días después, me topé esa misma escena en La fila india, el perturbador relato sobre las atrocidades que se suman a diario contra guatemaltecos, hondureños, salvadoreños o nicaragüenses mientras nosotros, idénticos a los pulcros burgueses de Múnich o de Hamburgo, cerramos los ojos.

A partir del incendio de un centro para refugiados en Santa Rita, Sta. Rita —cualquier ciudad en nuestra frontera sur—, esta obra que combina las virtudes de la fábula moral y del panfleto acusatorio narra las pesquisas de Irma, una investigadora de la Comisión Nacional de Migración, y su descubrimiento de la complicidad de su propio instituto —y de todo el país— con la explotación y el homicidio de cientos de inmigrantes centroamericanos. Yeni, la única sobreviviente de la masacre, encarna a todos esos Otros que pululan por nuestras calles y que son cotidianamente maltratados, vejados, violados y asesinados sin que nosotros, tan buenos y tan genuinamente preocupados por los derechos humanos, hagamos nada para frenarlo. Como advierte el propio Ortuño: "No hay santuario para ellos en este país. Lloramos a nuestros muertos mientras asesinamos y arrojamos a las zanjas a legiones de extranjeros, y lo hacemos sin despeinarnos ni parpadear". Somos, en sus palabras, "un país de víctimas con garras de tigre".

Un país de buenas personas.

El poeta y el encapuchado

El 11 de octubre de 1984, un rabioso grupo de manifestantes recorrió el Paseo de la Reforma hasta congregarse ante la embajada de Estados Unidos para condenar el hostigamiento al régimen sandinista. Un episodio singularizó la protesta: cargando a cuestas un monigote con los rasgos del poeta más reconocido del país, los jóvenes se desgañitaban con este (más bien torpe) díptico: "Reagan, rapaz, tu amigo es Octavio Paz". Y, sin calmar su ira, procedieron a quemarlo como si se tratara de un judas en sábado santo.

Esta odiosa escena no sólo selló el instante en el que Octavio Paz y la "izquierda" se hallaron más enemistados que nunca, sino un quiebre en su imagen pública que el poeta jamás logró olvidar. La paradoja era clara: justo cuando su voz era más escuchada en el mundo —obtendría el Nobel en 1990—, Paz se veía como un exiliado en su propia patria. El malentendido pronto se transmutó en cliché: al lado de Thatcher y Reagan, el poeta cerraba el cuadro de los monstruos que fraguaron el neoliberalismo y sepultaron los anhelos revolucionarios.

En efecto, desde fechas tan tempranas como 1945, Paz había comenzado a cuestionar a los sistemas comunistas y a partir de los setenta se había convertido en un acérrimo detractor del socialismo real y los intelectuales de izquierda que disimulaban los crímenes de la URSS, China, Cuba o las diversas guerrillas latinoamericanas. Más tarde, en su íntima batalla contra sus antiguos camaradas, no dudó en asociarse con figuras con las que, en términos ideológicos, sólo compartía la animadversión hacia el enemigo común. No obstante, Paz nunca se sintió cómodo en esa camada liberal que lo arropó durante su lucha y su postrera victoria: su formación juvenil era tan sólida, y su rechazo a los dogmas tan claro que, a diferencia de Vargas Llosa, él no cambió una fe por otra y jamás se convirtió en un profeta de la causa liberal. Pésele a quien le pese, en el fondo siguió siendo un socialista: un socialista democrático que, sólo a regañadientes, era liberal en términos económicos.

Para confirmar esta hipótesis hubo que esperar hasta la antesala de su muerte. Cuando el 1 de enero de 1994 el EZLN se alzó en armas contra el gobierno de Salinas, Paz previsiblemente condenó la asonada, imaginándola como el último estertor de la vieja izquierda con la que se había batido por décadas. Y, cuando los intelectuales "progresistas" comenzaron a demostrar su encandilamiento hacia los zapatistas, otra vez se unió a los intelectuales adictos al régimen, reunidos en torno a Vuelta y Nexos, para vapulearlos: "Los años de penitencia que han vivido desde el fin del socialismo totalitario, lejos de disipar sus delirios y suavizar sus rencores, los han exacerbado".

Sin embargo, sus opiniones comenzaron a matizarse conforme la figura de Marcos adquiría mayor relevancia mediática —y literaria. "La elocuente carta que el 18 de enero envió el subcomandante Marcos a varios diarios, aunque de una persona que ha escogido un camino que repruebo, me conmovió de verdad: no son ellos, sino nosotros, los que deberíamos pedir perdón". Más adelante llegará a aplaudir su estilo y dirá que la figura de Don Durito es una invención "memorable". Y añadirá: "Una parte de mí lo aplaude: son sanas la insolencia y la falta de respeto".

A diferencia de los críticos liberales, que deploran esta atracción final de Paz hacia Marcos como un extravío senil, esa "parte" de sí mismo es la que más me atrae. El Paz anciano sin duda se identificó con Marcos: a fin de cuantas, de joven él también viajó a Yucatán para trabajar con los mayas ahíto de ideales revolucionarios. Pero en sus palabras no hay que observar un desvarío romántico, sino un nuevo instante de lucidez en el que, luchando contra sus propias convicciones, Paz fue capaz de entrever —¡en 1994!, con la misma claridad con que atisbó el autoritarismo estalinista en los cuarenta—, los límites y las trampas del liberalismo. Porque, a diferencia de sus seguidores liberales o de derechas, en el centro de su poesía y de su pensamiento siempre prevaleció la solidaridad frente a la soledad, incluida la soledad del mercado.

Al conmemorar los 100 años de su nacimiento, y los 20 del alzamiento zapatista, no debemos perder de vista que, más allá de sus devaneos con el poder, el mejor Paz se hallaba en esa voluntad crítica que al final siempre lo puso en guardia contra las tentaciones dogmáticas y autoritarias, incluidas las de sus amigos —y las suyas.

El rebelde tranquilo

Con su voz entrecortada y dulce, sus cabellos entrecanos, sus gruesos anteojos que escondían unos ojillos siempre ávidos, sus ademanes densos y apacibles semejantes a los de un morador de la sabana, la apariencia de José Emilio Pacheco en las últimas décadas —y quizás no sólo en las últimas— era la de un buda frágil y nervioso, una esfinge o un oráculo capaz de glosar en un poema o un artículo la historia de milenios. Él mismo cultivó esta imagen de manera quizás poco inocente: el tímido sabio de la tribu que, para sobrevivir en medio de infinitas pugnas y reyertas, ha de ocultar su astucia —y su desencanto, y a veces su furia— tras una máscara de anciano venerable.

Cualquiera podría certificar la sinceridad de su modestia o esa discreción que enarboló hasta el final de sus días pero, más allá de estas naturales estrategias de defensa, JEP —las icónicas siglas bajo las cuales también se camuflaba— era un inconforme y un rebelde, tal vez incluso más que Carlos Monsiváis o Elena Poniatowska, sus extrovertidos compañeros de batallas, sólo que su rabia hacia la pobreza o la injusticia nunca se transmutaron en gritos en la plaza pública, sino en textos y poemas tan minuciosos como transparentes, tan implacables como eruditos. No, JEP no era un polígrafo entrañable o un erudito apacible, como su admirado Alfonso Reyes, o no sólo eso: era un sereno revolucionario que, inclinado sobre su mesa de trabajo, nunca se rendía y muy a su pesar se enfrentaba, irredento, contra los males de este mundo.

En febrero de 1968, JEP no había cumplido treinta años pero ya era el mismo JEP de hace unos días. Desde el suplemento La Cultura en México de Siempre!, donde al lado de Monsiváis oficiaba como factótum de Fernando Benítez, escribía, por ejemplo, sobre Vietnam: "Los acontecimientos de 1968 muestran hasta qué punto el país más poderoso del mundo resulta débil ante las naciones pobres. Aunque pudieran triunfar militarmente y exhibir como prueba el número de muertes, moral y políticamente han perdido desde hace mucho." Ahí está, esbozada, la crítica moral que nunca abandonará al escribir sobre la vida pública: esa mirada incorruptible ("Yo nunca ceno con políticos", me dijo en una ocasión, "porque temo que lleguen a caerme bien"), a la vez mesurada e implacable, con la cual desmenuzaba su entorno.

Poco después, en abril de 1968, JEP volvía a criticar el autoritarismo, en este caso a la URSS que desbarataba las ambiciones libertarias de los jóvenes de Checoslovaquia y Polonia: "El gusto por el poder es un veneno que no conoce antídotos", escribió, para concluir, admonitoriamente: "Para oprobio de nuestro conformismo, y ante la apatía y despolitización mayoritarias, los estudiantes piden que se les dé mayor responsabilidad y comienzan a ejercerla pronunciando en voz alta los diversos nombres del malestar que otros callan."

En mayo, al calor de las revueltas en París, fue uno de los primeros en advertir de la posibilidad de un contagio en México. A partir de entonces, su columna "Calendario" se convirtió en uno de los más exhaustivos recuentos de los movimientos estudiantiles en el mundo. Y, una vez que su predicción se confirmase y los jóvenes comenzasen a manifestarse en México, JEP no dejaría de ser uno de sus observadores —y difusores— más agudos. Tras el 2 de octubre firmaría, al lado de Benítez y Monsiváis, una defensa de Octavio Paz tras la renuncia de éste a la embajada en la India. Y muy pronto seguiría sus pasos al publicar, el 30 de octubre, al lado de José Carlos Becerra, uno de los poemas que, junto con "México: Olimpiada de 1968", más claramente condenaron la masacre: "Lectura de los Cantares Mexicanos".

El llanto se extiende
gotean las lágrimas allí en Tlatelolco. (Porque ese día hicieron una de las mayores crueldades que sobre los desventurados mexicanos
se han hecho en esta tierra.)

El JEP que se atrevió a escribir esas líneas cuando la censura era atroz y las acusaciones contra los intelectuales como inspiradores del movimiento los convertían en blanco de serios ataques, es el mismo JEP que siguió escribiendo su columna —ahora titulada "Inventario"— semana tras semana; el JEP que no dudó en secundar cada una de las causas de la izquierda democrática; y el JEP que, detrás de su inquieta bonhomía y su nostalgia de poeta, nunca dejó de ser ese joven rebelde, ese tranquilo guía cívico cuya voz, en estos tiempos en que a diario se silencian la inequidad y la injusticia, nos hará tanta falta.

Crímenes y pecados

"¿Qué película de Woody Allen es su favorita?", pregunta retóricamente Dylan Farrow, la hija adoptiva del director neoyorquino con Mia Farrow, en una carta abierta publicada en la columna del columnista del New York Times Nicholas Kristof. Y prosigue: "Antes de que respondan, les contaré algo que deben saber: cuando yo tenía siete años, Woody Allen me tomó de la mano y me llevó a un sombrío ático, casi un armario, en la segunda planta de nuestra casa. Me dijo que me pusiera boca abajo y jugara con el tren eléctrico de mi hermano. Y entonces me agredió sexualmente."

Más allá de la indignación que ha despertado el texto de la joven, publicado casi dos décadas después del incidente, plantea dos cuestiones que reaparecen una y otra vez en nuestra discusión pública. Considerada como el crimen más horrendo —y emblemático— de nuestro tiempo, la pederastia nos persigue como un fantasma que no hemos sido capaces de exorcizar. De la infatigable lista de sacerdotes que han abusado de miles de niños y adolescentes a los artistas acusados de delitos que van del acoso a la violación (piénsese en Polanski), nos hallamos en una sociedad que parece mostrarse tan ineficaz a la hora de proteger a sus hijos como obsesionada con exhibir a sus victimarios. Sin duda los responsables de estos crímenes deben ser perseguidos, pero sin jamás omitir el debido proceso ni la presunción de inocencia. Frente a los incontables ejemplos en que se ha demostrado la culpabilidad de los abusadores, en ocasiones el exceso de celo —y de justa ira— ha llevado a buen número de inocentes a la cárcel: baste recordar casos como los de las guarderías de Kern County o McMartin, ambas en California, en los que decenas de cuidadores fueron injustamente sentenciados a prisión acusados de obligar a los preescolares a participar en toda suerte de prácticas sexuales, e incluso en rituales satánicos, que sólo mucho después se revelaron falsos.

Frente a las acusaciones de Dylan Farrow, lanzadas ya en su momento por su madre adoptiva, Allen ha vuelto a alegar en otra carta al Times que la pequeña fue manipulada por su madre. Hoy sabemos que es posible que un niño construya "falsos recuerdos" al ser sugestionado por los adultos, formando sucesos que en su mente resultan tan vívidos

181

como un recuerdo real. Imposible determinar, a partir de su carta pública, si Dylan en verdad fue agredida por su padre adoptivo o si se trata de un "falso recuerdo", por más que el affaire y el posterior matrimonio de Allen con Soon-Yi Previn, otra de las hijas adoptivas de Mia Farrow, nos predisponga en contra del director. Correspondería en todo caso a los tribunales resolver el asunto.

Sin embargo, la carta de Dylan Farrow indica que en este momento a ella no le interesa presentar una demanda, sino juzgar a su padrastro en un terreno más etéreo pero no menos brutal. Descontando que Allen en efecto sea un tipo infame, su hija adoptiva parece decidida a que lo veamos como un artista infame. Y a que su repugnante conducta nos sirva para descalificar su obra, de modo que los jurados del Oscar no le concedan más premios y los actores que han trabajado a su lado, como Alec Baldwin o la propia Cate Blanchett —la favorita al galardón—, se deslinden de él y lo vean como un monstruo.

La espinosa cuestión vuelve a ser, aquí, hasta dónde los actos execrables de un creador han de influir en el valor de su trabajo. ¿Puede alguien que ha abusado sexualmente de una niña de siete años ser un gran artista? ¿Premiarlo y adularlo no es una forma de oscurecer y paliar sus —nunca mejor dicho— crímenes y pecados? ¿O acaso es posible trazar una nítida frontera entre sus (aborrecibles) actos y sus (admirables) películas? Nos enfrentamos aquí a una zona gris que, pese a la vehemencia de quienes defienden uno u otro argumento, no es fácil de dilucidar.

A la distancia, veneramos el legado de numerosos hombres perversos (de Caravaggio a Céline, de Gesualdo a Hamsun), quizás porque el tiempo ha desdibujado sus faltas, dejándonos sólo frente a la opresiva fuerza de sus obras. Demasiado cerca de nosotros, muchos fanáticos de Allen se declaran prestos a abjurar de él, por más que sus delitos no hayan sido demostrados; sólo si algún día llegaran a serlo, tendríamos que exigir el castigo que merece. Entretanto, limitémonos a constatar una vez más, sin melancolía alguna, que los grandes artistas no son sino seres tan imperfectos —y brutales, y malvados— como el resto de nosotros.

La revolución conservadora

Entre noviembre de 1989 y diciembre de 1991, un parpadeo en términos históricos, el bloque comunista que durante casi medio siglo amagó a las naciones capitalistas se desmadejó por completo, acabando con el mayor experimento de planificación social de la historia moderna. Si bien aquel brutal e insólito hundimiento se debió preponderantemente a causas intestinas —se trató más una implosión que de una derrota—, los conservadores encabezados por Reagan y Tatcher se arrogaron la victoria, como si ellos hubiesen sido los responsables de la eclosión. Valiéndose de esta engañosa legitimidad, los conservadores no dudaron en copiar los métodos de sus enemigos y, aferrados a una ideología tan inamovible como la que habían combatido, emprendieron una revolución destinada a liquidar no ya los últimos resquicios de autoritarismo que quedaban en el orbe —tarea a fin de cuentas secundaria— como a despedazar las conquistas que, a lo largo de la guerra fría, la izquierda democrática había conseguido en su propio campo. Destruido el rival que se jactó de ofrecer una sociedad sin clases, éstos, paradójicamente rebautizados como neoliberales, se consagraron a expulsar de la agenda pública la igualdad y la solidaridad que se habían convertido en pilares del estado de bienestar.

No sería hasta la gran recesión de 2008 que los resultados de esta apuesta quedarían a la vista. La ortodoxia económica decretada por los conservadores que consiguió la desregulación de los flujos de capitales, la liberalización del comercio y una severa regulación del mercado laboral internacional, sumada a los nuevos instrumentos financieros complejos y a las directrices de la tecnología más moderna, generó una de las mayores catástrofes de los últimos tiempos, en la cual millones perdieron sus empleos o sus viviendas y vieron descender su nivel de vida a rangos de la posguerra, al tiempo que unos cuantos ejecutivos y políticos se enriquecían sin medida.

A partir de este escenario plagado de engaños, falsas interpretaciones y lugares comunes, el escritor español José María Ridao ha trazado uno de los retratos más lúcidos —y desoladores— del capitalismo avanzado. En La estrategia del malestar (2014), Ridao no cesa en su empeño de desvelar los resortes que movieron a políticos e intelectuales a lo largo de estas décadas turbulentas, exponiendo su hipocresía y exhibiendo los sofismas —o las mentiras— con que enmascararon sus intereses. Del fin del bloque soviético a los atentados a las Torres Gemelas y de las guerras de Afganistán e Irak a la caída de Lehman Brothers, Ridao enhebra reflexiones con anécdotas específicas —una joya: la olvidada burbuja económica albanesa de 1997 que tanto preludia a la reciente crisis global— para desmontar las consignas disfrazadas de argumentos y las visiones sesgadas que se fundan más en esa ideología que se quiso presentar como liquidada que en los hechos.

En La estrategia del malestar, Ridao muestra cómo los conservadores se adueñaron perversamente del término liberalismo en su estrategia de disminuir a toda costa el poder del estado, al tiempo que publicitaron la idea de que la izquierda se hallaba sumida en una profunda crisis — hasta que la propia izquierda terminó por creerlo. Por ello, Ridao afirma que "la izquierda democrática no debía estar al asalto político de ninguna fortaleza, sino defendiendo esa fortaleza del asalto político de los conservadores". Pero Ridao no se conforma con denunciar las trampas de los conservadores —y los liberales que apoyaron su cruzada—, sino que señala las incongruencias de todo el espectro político, desde los socialistas que, amagados por la derecha, se sumaron a la agenda económica neoliberal, hasta los partidos de centroderecha que, hostigados por los nuevos populismos, abrazaron sus odiosas causas. Al término de La estrategia del malestar, uno no puede terminar más descorazonado al constatar que una era que se abrió en 1991 como idónea para extender como nunca los valores de la Ilustración —la libertad y la igualdad—, terminase sepultada en medio de guerras injustas (Irak), justificaciones de la tortura (el waterbording), limbos jurídicos (Guantánamo), recorte de derechos (para los extranjeros), nacionalismos ramplones, servicios sociales destruidos (por ejemplo en España o Grecia) y dobles raseros (uno para los aliados, otro para los demás) que dieron lugar, en fin, a sociedades marcadas por la injusticia y la falta de solidaridad.

Yo, Yo, Yo

¿Cómo saber cómo se comportará nuestro adversario en el futuro? ¿Cómo prever sus movimientos, sus estrategias, sus argucias? ¿Cómo defendernos de sus ataques o colaborar con sus llamados de concordia? ¿Cómo adivinar lo que se oculta detrás de sus facciones luminosas o siniestras, y en cualquier caso engañosas? Y, lo más importante, ¿cómo negociar con esos desconocidos que nos rodean y que esconden sus verdaderas intenciones? La respuesta es simple: todo lo que hacen es en busca de su provecho. Todo. ¿Cómo lo sé? Porque yo soy igual: nada me importa excepto mi propio beneficio. Mejor aceptémoslo de una vez. Asumamos que el egoísmo es el único motor del ser humano, y el único motor de la sociedad contemporánea.

Esta reducción del ser humano a una sola explicación omnicomprensiva —a un totalitarismo como tantos del pasado— se instauró de manera permanente entre nosotros hace apenas unas décadas, cuando economistas como Friedrich Hayek o Milton Friedman la asumieron como punto de partida de sus teorías, y sobre todo cuando la ideología neoliberal la adoptó como piedra de toque de sus planteamientos. La caída del Muro y la extinción del bloque soviético —de la patraña comunista— encausó su edad de oro: desde entonces ningún economista y ningún líder cuestionan su validez. De pronto todos pasamos a ser tan sencillos como previsibles: dado que sólo nos importa nuestro yo, predecir nuestro comportamiento resulta tan fácil como introducir unos cuantos algoritmos en una computadora y esperar unos segundos para obtener el resultado.

Pero, ¿cómo ocurrió este acto de prestidigitación que nos transformó en unos seres tan sosos, tan inocuos? En Ego. Las trampas del juego capitalista (Ariel, 2014), Frank Schirrmacher realiza una genealogía de esta peligrosa idea que ha terminado por contaminarnos sin remedio. El codirector del Frankfurter Allgemeine Zeitung sitúa su origen en la teoría de juegos desarrollada por John von Neumann y Oskar Morgenstern y luego ampliada por John Nash —el excéntrico matemático de Una mente brillante que aún deambula por el campus de Princeton—: a fin de encontrar una estrategia para entender la conducta ajena, hacía falta inventar un modelo de ser humano puramente racional cuyo única obsesión fuese el egoísmo. Pero de allí a asumir que los seres humanos

185

somos idénticos a ese engendro —al que Schirrmacher denomina el "Número 2"— no sólo hay un abismo, sino un desplazamiento moral que acaso sea el causante de muchos de los grandes problemas de nuestro tiempo.

En *Ego*, Schirrmacher sigue el sorprendente itinerario de esta mutación, desde el momento en que los economistas neoliberales se valieron de la teoría de juegos para poner en marcha sus propias ideas —en particular su pasión por el *homo oeconomicus*, sus aproximaciones al *rational choice* y a los mercados eficientes de Eugene Fama— hasta el momento en que sus algoritmos computacionales se han extendido por doquier, de la mercadotecnia a la política y de la educación a la criminología, asumiendo que ese Número 2 ha pasado a ocupar nuestro sitio. Schirrmacher pinta una nueva criatura de Frankenstein, por supuesto. Un monstruo inventado por nosotros como una mera aproximación a la realidad —un modelo teórico como cualquier otro— que hoy controla infinitos ordenes de nuestra vida política, económica y social. De nuestra vida cotidiana. La concepción de que el yo es lo único que cuenta, trasladada al mundo financiero, ha sido una de las causas de la Gran Recesión de 2008, pero también de los anuncios dirigidos de Google o Amazon, que intentan adivinar nuestras elecciones a cada instante, o de que la política haya terminado reducida, gracias al poder de las encuestas, a un simulacro al servicio de los mercados. Los ciudadanos se vuelven clientes y el Estado una gran computadora que nos impone comportamientos predeterminados.

Por alarmante que suene, quien escribe estas páginas no es un reportero amarillista, sino el codirector de uno de los diarios más influyentes del planeta —hasta donde los diarios aún pueden serlo. Su denuncia de un mundo regido por la "democracia de mercado" y por la "economía de la información" basadas en una reducción del ser humano a un puro ego previsible constituye una poderosa alerta sobre los peligros que se ciernen sobre nosotros mientras nos mantengamos ciegos a las diarias conquistas del Número 2.

Apolo y Dioniso

Una vez que se extingan las ceremonias fúnebres y se adormezca el duelo, que se agoten los homenajes y las exequias, y se desdoren las figuras públicas y se olviden las antipatías abruptas o las declaraciones estertóreas, se volverá una convicción natural lo que algunos han vaticinado desde hace décadas: que los dos colosos surgidos de esa brillantísima Edad de Oro de la narrativa latinoamericana que se prolongó durante la segunda mitad del siglo XX fueron Jorge Luis Borges y Gabriel García Márquez. Los dos escritores más influyentes y poderosos de nuestra región y nuestra lengua. Los dos más admirados e imitados en el orbe. En ese juego de dualidades que tanto nos gusta, nuestro Platón y nuestro Aristóteles. O, mejor, nuestro Apolo y nuestro Dioniso.

Sin duda fueron acompañados por una asombrosa cohorte de titanes, con poéticas al gusto de cada uno, de Rulfo a Vargas Llosa, de Donoso a Fuentes, de Sábato a Ibargüengoitia, de Ribeyro a Cortázar, pero las voces más oídas, más singulares, más originales —si entendemos por originalidad una mutación insólita entre las enseñanzas del pasado y la serena rivalidad con sus contemporáneos— fueron las del poeta y cuentista argentino y las del cuentista y novelista colombiano, suma de todos los esfuerzos que los precedieron, de Machado de Assis y Jorge Isaacs a Macedonio Fernández y Alfonso Reyes, y umbrales de todos aquellos que los han seguido, de Roberto Bolaño a quienes hoy publican, a su sombra, sus primeros libros.

A la distancia no podrían parecer más contrarios, más distantes. De un lado, el escritor ciego y puntilloso, tan acerado como melancólico, hierático hasta casi fungir como profeta, dueño de un sutilísimo humor aún malentendido, el hombre cercano —a su pesar— a la derecha, el vate unánimemente venerado que jamás recibiría el Nobel. Del otro, el escritor jacarandoso y bullanguero, tan dotado para desenrollar la sintaxis como para reconducir los mitos, sonriente hasta convertirse en amigo de todas las familias —esas que sin conocerlo hoy sin pudor lo llaman Gabo—, el hombre cercano a la izquierda y a Fidel Castro, el bardo unánimemente adorado que recibió el Nobel más joven que ningún otro en América Latina.

Sí: en lontananza encarnan vías antagónicas. Borges es, evidentemente, el apolíneo. El escultor que pule cada arista y cada ángulo. El prestidigitador que obsesivamente trastoca cada adjetivo y cada adverbio. El criminal que siempre esconde la mano. El modesto anciano que odia los espejos y la cópula y sin embargo multiplica los Borges a puñados. El detective que en su búsqueda esconde que al mismo tiempo es el delincuente. El filósofo nominalista y el físico cuántico que se pierde en la Enciclopedia. El autor de las paradojas y bucles más aventajado desde Zenón. García Márquez es, en cambio, el dionisíaco. El torrencial demiurgo de genealogías y prodigios. El audaz dispensador de metáforas y laberintos de palabras. El cartógrafo de la jungla y el cronista de nuestra circular cadena de infortunios. El ídolo sonriente que trasforma la Historia —y en especial la sórdida trama colombiana— el mil historias entrecruzadas, tan tiernas y atroces como inolvidables. El bailarín que, al conducirnos a la pista, nos obliga a seguir su hipnótico ritmo a rajatabla. El sagaz escriba que se burla de los tiranuelos con los que tanto ha convivido. El desmadrado cuentero que finge no seguir regla alguna fuera de su imaginación, excepto que las que él mismo se —y nos— impone.

Apolo y Dioniso. Y sin embargo estas dos vías, como ya apuntaba Nietzsche, no son excluyentes sino complementarias. Las dos mitades del mundo. De nuestro mundo. Para empezar, García Márquez no hubiese escrito como García Márquez sin aprender de Borges, su predecesor y su maestro. Y Borges no habría encontrado mejor continuador que este discípulo rejego, dispuesto no a copiar sus trucos o su doctrina sino a usarlos en su provecho para huir de la Academia y fundar una nueva, exitosísima escuela, el realismo mágico. Ninguno tiene la culpa, por supuesto, de su ingente legión de copistas: sus invenciones resultaban demasiado deslumbrantes como para que cientos de salteadores de caminos no quisieran agenciárselas.

Los dos han sido justamente elevados a los altares. O, mejor aún, a los altares privados que cada uno erige en su hogar: son nuestros penates. Imposible no adorarlos y no querer, a la vez, descabezarlos. Imposible no aspirar a reiterar —Vargas Llosa dixit— su deicidio.

188

Guerras en la red

El 5 de junio de 2013, los periódicos The Guardian y The Washington Post comenzaron a publicar los documentos de la Agencia de Seguridad Nacional (NSA) que les habían sido confiados por uno de sus antiguos empleados, el hoy célebre Edward Snowden. Unas semanas después, el incidente había provocado una avalancha diplomática al demostrarse que Estados Unidos había espiado a los dirigentes de sus principales aliados, como Francia, Gran Bretaña, España o México. Pero serían dos mujeres, la canciller alemana, Angela Merkel y la presidenta brasileña, Dilma Rousseff, quienes expresarían de manera más tajante su indignación.

Durante su intervención en la Asamblea General de Naciones Unidas en septiembre pasado, Rousseff declaró: "Entrometerse de esta manera en los asuntos internos de otros países constituye una violación del derecho internacional y una afrenta a las principios que deben guiar las relaciones entre ellos, en especial entre naciones amigas." Y añadió: "Como muchos latinoamericanos, yo he luchado contra el autoritarismo y la censura y no puedo sino defender [...] el derecho a la privacidad de los individuos y la soberanía de mi país."

A partir de entonces, la presidenta brasileña ha querido convertirse en la voz más crítica no sólo del espionaje indiscriminado de la NSA, sino del control que Estados Unidos —y sus empresas tecnológicas— ejercen sobre la Red. Aunque después de ello la administración Obama ha intentado corregir los excesos y ha pedido disculpas por doquier, Rousseff no dudó en aprovechar la ocasión para convertir a su país en el líder de quienes se oponen a la hegemonía estadounidense en el mundo cibernético.

La celebración de NETmundial, el principal foro para la gobernanza planetaria de la Red, en São Paulo, los pasados 23 y 24 de abril, ofrecía la mejor oportunidad para que Rousseff y sus aliados pudiesen no sólo defender sus posiciones, sino contribuir a que Estados Unidos y sus corporaciones dejasen de ser los únicos actores relevantes en el manejo de la Red. Centrada en una doble estrategia de política interna y exterior, justo en una época en que su popularidad ha descendido de manera considerable, Rousseff aprovechó la ocasión para promulgar la Ley de Marco Civil, pomposamente anunciada como la "primera constitución de internet", que incorpora un buen inventario de derechos de los usuarios y defiende una de las principales demandas de los activistas, la "neutralidad de la Red" que impide la discriminación geográfica o los accesos privilegiados por parte de las operadoras.

El desafío de Rousseff tuvo, desde el inicio, un revés: la imposibilidad de obligar a las grandes empresas de Internet a tener servidores en Brasil, la única manera auténtica de blindar los datos de sus ciudadanos. (Una propuesta en todo muy caso cuestionada por numerosos sectores de la sociedad civil.) No obstante, las esperanzas desatadas por la nueva ley brasileña no lograron trasladarse a NETmundial, donde al final las grandes corporaciones mantuvieron el statu quo, en buena medida porque la propia Rousseff, una vez satisfecha su agenda interna, pareció inclinarse a las presiones de Washington.

En São Paulo, la estrategia estadounidense de "multiactores" —una idea aparentemente democrática que incorpora numerosas voces al debate, pero que coloca en el mismo nivel a las grandes corporaciones y a los estados— consiguió imponerse, dando lugar a un documento que, como tantas declaraciones internacionales, es más un catálogo de buenas intenciones que producto de una auténtica gobernanza internacional de internet a no tener un carácter vinculante. En ella no aparece más que una manida condena del espionaje y se pospone el debate en torno a la neutralidad de la Red. Por otro lado, tampoco se logró que ICANN, la agencia que concede los dominios de Internet siempre conforme a los intereses de Estados Unidos, vaya a convertirse en un organismo planetario más transparente y abierto en su nueva encarnación como IANA.

Más allá de aspectos positivos, como la interacción de cientos de voces disidentes, en esta batalla os triunfadores volvieron a ser los mismos: Estados Unidos y los grandes proveedores de servicios, los cuales consiguieron mantener un Internet unificado y "multiactoral" pero, como denuncia Jean-Christophe Notias de The Global Journal, profundamente asimétrico, dominado por quienes siguen considerando que el control estadounidense de la Red es el menor de los males.

Marx, superventas

"Un fantasma recorre el mundo. El fantasma de la desigualdad. Todas las fuerzas del Viejo Orden Global se han unido en santa cruzada para negar la existencia de ese fantasma: los economistas neoliberales (y muchos liberales), sus poderosos aliados políticos, Wall Street y la City, los republicanos y los conservadores." La paráfrasis apenas resulta frívola: en unas cuantas semanas la edición inglesa de El capital en el siglo XXI de Thomas Piketty (en francés en 2013) se ha convertido en uno de los libros más vendidos del año y en el centro de un brioso debate en el que el economista francés ha sido acusado de ser un "nuevo Marx". Que en una entrevista reciente éste haya confesado no haber leído El capital no ha desanimado a sus adversarios.

¿Por qué un libro especializado, de 577 páginas, se ha convertido en un best seller y ha desatado reacciones tan viscerales? Más que proponer una tesis radicalmente novedosa, Piketty ha confirmado, con un alud de datos que hasta sus más fieros detractores se han detenido a encomiar, algo que los más diversos críticos de las políticas económicas de los últimos treinta años habían denunciado a partir de la pura intuición: que el mundo se está transformando en un lugar cada vez más desigual. De allí la peligrosidad de su tesis y el pánico que ha desatado entre los conservadores, como ha apuntado Paul Krugman. Que el propio economista francés se atreva a decir en el prólogo que abandonó la academia norteamericana por la desconexión de sus economistas con la realidad no ha ayudado a mejorar su imagen entre ellos. Prosiguiendo el enfoque estadístico del Premio Nobel de origen ruso Simon Kuznetz, quien logró reunir toda la información disponible en Estados Unidos sobre distribución del ingreso ente 1913 y 1948, Piketty y sus colegas analizaron archivos disponibles en varios países para trazar una rigurosa historia del crecimiento económico en el siglo XX. Su conclusión parece clara: mientras que, en efecto, la desigualdad se redujo en el período que va de 1913 a 1948, como consecuencia de las dos guerras mundiales, y en las Trente Glorieuses (entre 1945 y 1975) esta tendencia comenzó a desbaratarse, a principios del siglo XXI la concentración del ingreso ha alcanzado —si no es que ha superado— los niveles de la segunda década del siglo anterior.

Según Piketty, la razón del aumento de la desigualdad radica en el aumento de la tasa de rentabilidad de capital frente a la tasa de crecimiento económico. Hasta ahora, en el modelo liberal clásico —vuelto un dogma por los neoliberales—, el mero crecimiento económico bastaría para que sus beneficios alcanzasen a toda la población, incluidos los sectores más depauperados. El argumento central de El capital en el siglo XXI es que esto no ha sido así: si se mantiene esta divergencia, son sólo los sectores más prósperos —el 1% de la población— quienes lucran sin medida.

"La historia de la distribución de la riqueza siempre ha sido profundamente política", escribe Piketty. Y añade: "El resurgimiento de la desigualdad después de 1980 se debe en buena medida a los cambios políticos de las décadas pasadas, especialmente en lo que respecta a los impuestos y las finanzas." En otras palabras: fueron las medidas impuestas por los artífices de la revolución neoconservadora (o neoliberal), acaudillados por Reagan y Thatcher, los responsables del fenómeno. Y no sólo eso: mientras que las fuerzas sociales que promueven la "convergencia", es decir, la reducción de la desigualdad, son débiles, aquellos a favor de la "divergencia" mantienen posiciones de privilegio. La segunda y tercera partes de libro de Piketty han sido las más polémicas. En ellas no se limita a analizar la distribución de la riqueza, sino a predecir cuál será en las siguientes décadas y a ofrecer políticas públicas capaces de reducir la desigualdad. Para sus detractores, Piketty ofrece soluciones ideológicas, pues según ellos resulta imposible saber si la tendencia a un aumento de la desigualdad se mantendrá. Pero, si somos claros, nada indica que no vaya a ocurrir así: tras la Gran Recesión iniciada en 2007-2008, nada se ha hecho para evitarlo. La idea principal de Piketty, que tanto escandaliza a sus enemigos, es la instauración de un impuesto progresivo sobre el capital a nivel global. Un reto gigantesco pero, a sus ojos, indispensable —y posible. La única arma con la cual hacer frente a ese ominoso fantasma que hoy, fuera de duda, recorre el mundo.

El mal absoluto

Imitando a Cristo, el padre Ángel de la Cruz humedece sus manos y las desliza en torno al pie adolescente; se detiene una eternidad en el empeine y el tobillo, y lava celosamente cada uno de los dedos, hasta que por fin se vale de la toalla que le entrega un monaguillo y deposita un beso en la piel resplandeciente del muchacho. Ésta es, sin duda, la escena más erótica —e inquietante, e incómoda— de *Obedicencia perfecta* (2014), la película de Luis Urquiza que pretende retratar, sin apenas enmascararlo, a uno de los mayores criminales de nuestro tiempo, el padre Marcial Maciel.

Encarnado por un Juan Manuel Bernal tan sobrio como intenso, repugnante en su adocenada contención, el fundador de los Legionarios no aparece aquí como el hábil manipulador de multitudes o el perverso adulador de beatas, y ni siquiera como o el estafador compulsivo o el obseso depredador de jovencitos, aunque todas estas facetas se incluyan con mayor o menor fortuna en el relato, sino como el preceptor que se vale de todos sus recursos —y de todo su poder— para seducir, y luego controlar, y a la postre destruir, a una de sus incontables víctimas. Quizás ésta sea la mayor virtud del guión de Ernesto Alcocer: su voluntad de exhibir esa faceta privada y cotidiana de quien encarna, como ninguna otra figura reciente, nuestra idea del mal absoluto.

Filmar a un villano, en especial a uno tan imperdonable como Maciel, encarna un arduo reto. Como demostró la polémica abierta por *El hundimiento* de Oliver Hirschbiegel (2004), que retrataba a Hitler en sus últimos días, siempre habrá quienes se muestren indignados ante la aparente "humanización" del criminal —por ejemplo al observar la cortesía que el Führer le dispensaba a su secretaria o el cariño que demostraba hacia sus perros—, como si sólo la posibilidad de que éste fuese un monstruo sin fisuras pudiese confortarnos. Pero en realidad si algo debiéramos aprender de estas recreaciones fílmicas es que Hitler o Maciel no eran muy distintos de nosotros, y que el horror que suscitan surge a partir de esa odiosa naturaleza que compartimos con ellos. *Obediencia perfecta* posee un título inmejorable: jugando con el perverso voto calcado de los jesuitas —y de los acérrimos rivales de los Legionarios, los siervos del Opus Dei—, Alcocer y Urquiza exploran con habilidad la más profunda dimensión del abuso, esa que tiene más que ver con el ejercicio del poder que con el sexo. Bernal despliega, así, una violencia sin límites contra Julián (un atónito Sebastián Aguirre), pero no sólo contra su cuerpo sino primordialmente contra su alma: la magnitud de su deseo no sólo lo lleva a poseerlo y dominarlo —en sentido casi demoníaco—, sino a apoderarse por entero de su voluntad. A corromperlo y a la poste aniquilarlo.

La seducción adquiere, de este modo, un sentido bíblico: disfrazado de guía espiritual, Satanás tienta al inocente con el fin de que caiga como él. El proceso, descrito a través de los capítulos sucesivos de "Obediencia imperfecta de primer grado", "Obediencia imperfecta de segundo grado" y "Obediencia perfecta", supone un camino iniciático inverso, en el cual nuestro héroe se verá obligado a superar una prueba tras otra hasta transformarse en un simple receptáculo de la ignominia. Una vez que el Maligno ha alcanzado su objetivo, como una suerte de inicuo Don Juan, el sujeto devenido objeto deja de resultarle interesante y procede a buscar a su siguiente víctima.

Si la película no ha alcanzado el éxito que se esperaba, y si multitud de críticos se han apresurado a lamentar que deje de lado el contexto en que se Maciel desarrolló su carisma o que sus dardos no se dirijan de manera explícita contra la Iglesia en su conjunto —o, de paso, contra el nuevo santo que protegió al criminal hasta su último suspiro—, se debe acaso a la sutileza teológica que subyace a su apuesta estética: un drama íntimo, casi secreto, entre el Gran Seductor que por momentos luce ávidamente enamorado y el muchachito incapaz de resistir a su asedio. En el fondo, ninguna denuncia de los crímenes de la Iglesia, de los Legionarios y del propio Maciel resulta más vibrante que ésta: en la escena final, dolorosamente circular, el sacerdote vuelve a mojarse las manos para deslizarlas en torno a un nuevo pie adolescente, mientras Julián lo asiste con un semblante que refleja más resignación que despecho. La odiosa resignación del mundo entero frente a quien se fue a la tumba en perfecta impunidad.

III. INTUICIONES

Atisbos del porvenir

Obertura. México en La Mancha

Agradezco la invitación del Excelentísimo Rector de la Universidad de Castilla-La Mancha para dirigirme a ustedes a través de esta holoconferencia en torno a la situación política, social y cultural de México en 2010, mientras celebraba el bicentenario del inicio de su independencia, justo cuando se cumplen cien años de aquel momento. Celebro que la tecnología me permita encontrarme en dos lugares y dos tiempo a la vez: más aún porque así una parte del antiguo México —esa nación cuya azarosa vida se prolongó a lo largo de casi tres siglos— renace hoy en La Mancha, la comarca reinventada por Cervantes que aún sirve de inspiración a ese vasto territorio de habla hispana que se extiende desde Canadá hasta la Patagonia.

Mucho ha cambiado el mundo desde entonces: para empezar, a partir de que México se incorporase a la Unión Americana hace un año escaso, deberíamos dar por concluida su época como nación independiente. Poco a poco los mexicanos nos acostumbraremos a esta mutación, como les ocurrió a ustedes aquí, donde ya nadie muestra nostalgia alguna por el nombre de España, suprimido de los documentos oficiales en 2050, cuando se reconfiguró la nueva organización provincial de Europa.

No deja de resultar paradójico que, al rememorar el tricentenario de la independencia de México, ese lugar ya no exista: la idea de esta charla es, por tanto, analizar algunas de las razones que, cien años atrás, detonaron los movimientos que a la postre condujeron a la abolición de la frontera entre Estados Unidos y México y a la unión continental que, entre los mejores augurios y las más feroces críticas, se levanta en nuestros días.

Primer acto. El baile del Bicentenario

Historiadores y agoreros señalaron la coincidencia: si 1810 dio origen a una conflicto que se prolongó por once años y 1910 a una revolución que duró diecinueve, 2010 vio el apogeo de la llamada guerra contra el narco, que no concluyó sino dieciocho años más tarde, en 2026, cuando México anunció la legalización de las llamadas drogas duras, adelantándose en un año a la posición tomada por Estados Unidos. Las estadísticas muestran una catástrofe de proporciones bélicas: más de 30,000 muertos entre 2006 y 2010, a los que habrían de sumarse decenas de miles en los lustros subsecuentes.

Antes de llegar a este punto, es necesario retrotraerse décadas atrás para atisbar las condiciones que propiciaron este desastre humanitario. En mayor o menor medida, el comercio de drogas siempre estuvo presente en México, si bien su expansión se aceleró a partir de los años cuarenta. En ese momento, los traficantes mexicanos que habían surtido de alcohol al sur de los Estados Unidos durante la Prohibición se reconvirtieron en exportadores de droga, en especial de marihuana, una sustancia que se empleaba en México desde la época prehispánica y que jamás había sido objeto de persecución. Al término de la segunda guerra mundial, la política de salud pública en Estados Unidos se volvió también más restrictiva, al grado de ilegalizar todo tipo de enervantes y de perseguir tanto su producción como su distribución y consumo. Entretanto, la demanda de estos productos se incrementó drásticamente y los traficantes mexicanos, más tarde aliados con los productores colombianos —responsables de la introducción masiva de cocaína—, no tardaron en aprovechar este filón.

De 1929 al 2000, México estuvo gobernado por un solo partido, en un sistema político al que Mario Vargas Llosa denominó "dictadura perfecta", que se asemejaba más bien a un autoritarismo selectivo, pues a la vez consentía mayor libertad cívica que cualquier dictadura latinoamericana del momento —o, para el caso, que el comunismo cubano o soviético—, y mantenía un férreo control sobre casi toda la vida pública y no dudaba en emplear la fuerza cuando se sentía amenazado (como ocurrió en 1968). El Partido Revolucionario Institucional (PRI) no sólo se transformó en una eficaz máquina para ganar elecciones, sino en una estructura que acabó por permear todo el desarrollo del país, provocando que el orden institucional adoleciese de sus mismos vicios y lastres. Su antecesor, el Partido de la Revolución Mexicana, había nacido como un pacto de caudillos para repartirse las distintas posiciones de poder, y esa capacidad negociadora, siempre en los límites de la legalidad, se conservó hasta los albores del siglo XXI.

El régimen de la Revolución construyó un andamiaje jurídico ejemplar —la primera constitución social del siglo XX, como rezaba la propaganda oficial—, que no se correspondía con una realidad dominada por la corrupción, el autoritarismo y un precario estado de derecho. A nivel local, los gobernadores de los estados, teóricamente autónomos, eran nombrados por el presidente de la República, y éstos a su vez imponían a los alcaldes de las distintas ciudades y pueblos. Esta pirámide de poder se veía engrasada por la corrupción tanto de los funcionarios públicos como de los integrantes de las policías estatales y municipales, así como por un sistema de justicia que obedecía ciegamente los dictados del ejecutivo.

Si bien algunos de sus miembros se atrevieron a confesar la conveniencia de pactar abiertamente con los narcos, en realidad el entramado social del priismo, donde los actos del gobierno y del partido se fundían con toda clase de negocios ilegales, alentó su florecimiento mediante una serie de acuerdos tácitos entre los responsables políticos, la policía, los tribunales y los delincuentes. Hasta sus últimos días en el poder, el PRI mantuvo este statu quo e, incluso ante escándalos como el asesinato de un agente de la agencia antinarcóticos estadounidense en 1985 o del arzobispo de Guadalajara en 1993, la detención de funcionarios de alto nivel vinculados al narco —como el general Gutiérrez Rebollo en 1997—, o la prominencia de ciertos capos —los hermanos Arellano Félix, el Señor de los Cielos o el Chapo Guzmán— jamás alteró esta estrategia.

El triunfo del candidato del Partido Acción Nacional (PAN) en 2000 parecía destinado a cambiar la situación, pero a nivel local las viejas alianzas del priismo se conservaron prácticamente intactas: hasta bien avanzado el siglo XXI, una cuarta parte de los estados del país jamás fue gobernada por otro partido. Sólo que, ante la ausencia de un poder central omnímodo, el tejido de complicidades que había asegurado el orden y la relativa estabilidad del país comenzó a resquebrajarse. En este escenario fluctuante y movedizo, los antiguos acuerdos entre el gobierno y los narcotraficantes —y de éstos entre sí— se volvieron cada vez más frágiles o de plano se quebraron. De pronto ninguna autoridad podía asegurar que se respetaría una plaza o una ruta — palabras clave del nuevo narcolenguaje— o que ciertos capos serían intocables. La perversa e implacable lógica priista quedó desgajada, dando lugar a un terreno pantanoso en el cual las tensiones se volvieron extremas. El gobierno del presidente Calderón acertó en sus críticas: durante el sexenio de Vicente Fox nada se hizo, ya no para transformar el sistema, sino para comprender las consecuencias sociales provocadas por la descomposición del antiguo régimen.

A este escenario inestable se sumaron dos elementos externos. Si bien el discurso antiinmigrante se había apoderado ya de amplios sectores de la derecha estadounidense, los atentados terroristas del 11 de septiembre de 2001 fueron el mejor pretexto para tratar de cerrar aún más la frontera. En segundo lugar, la facilidad para adquirir toda clase de armas en Estados Unidos favoreció que los distintos grupos de narcos —así como sus sicarios y ejércitos privados—, cada día más atomizados e incontrolables, se armasen cada vez más. Las condiciones eran propicias para que cualquier nuevo elemento detonase una catástrofe perfecta, como en efecto ocurrió.

Las elecciones federales de 2006 fueron una pesadilla después del breve sueño democrático del 2000: el triunfo de Felipe Calderón ante al candidato de la izquierda, por menos de un punto, provocó una agitada protesta poselectoral y Andrés Manuel López Obrador se negó a reconocer la legitimidad de su contrincante. Aunque esta deriva radical alienó a la mayor parte de sus seguidores, la crisis enturbió el inicio del gobierno de Felipe Calderón. A cien años de distancia aún no es posible saber, de forma definitiva, hasta dónde la guerra contra el narco fue emprendida en busca de la legitimación política, como señalaron los rivales de Calderón, o debido a una decisión consciente de desmantelar las complicidades que subsistían desde la época priista, como aseveraba el propio Gobierno, pero no cabe duda de que su proclamación en 2007 se convirtió en el disparador de la ola de violencia que se abatió sobre el país a partir de entonces. Pero el diagnóstico sobre la situación elaborado por Calderón era preciso: la precaria estabilidad abonada por los gobiernos priistas, tanto a nivel federal como local, había comenzado a resquebrajarse con la consiguiente descomposición del tejido social.

¿Podemos asegurar que, de no haberse lanzado la guerra contra el narco, la violencia se hubiese conservado en los niveles anteriores a 2007? Difícil saberlo. Pero el lanzamiento de los llamados operativos conjuntos del ejército sin duda contribuyó a aumentar el número de homicidios ligados al narco entre 2008 y 2010. Distintos estudios intentaron demostrar que las espectaculares detenciones de diversos capos también influyeron en este dramático incremento. En un modelo caótico, desprovisto de referentes y normas, la repentina desaparición de los últimos responsables de conservar cierto orden —así fuese desde la ilegalidad— condujo sin remedio a una suerte de anarquía. Cada vez que se eliminaba un capo, sus lugartenientes no tardaban en batirse entre sí para ocupar su lugar, provocando una incontenible sucesión de venganzas

200

(semejante a la Orestíada). De allí las ejecuciones cada vez más cruentas, la pérdida de cualquier mesura social y el uso sistemático de chantajes y amenazas dirigidos contra la sociedad y las autoridades a través de narcomantas, de los medios de comunicación tradicionales y de las —entonces— nuevas redes sociales.

El México previo a la guerra contra el narco era agitado pero previsible: unos cuantos cárteles se dividían el mercado —con ocasionales reyertas por los territorios fronterizos—, el aparato legal estaba dispuesto a contemporizar con ellos y una amplia serie de comunidades subsistían gracias a la redistribución de sus ingresos. Cuando el gobierno decidió cazar a los capos, y los carteles se fragmentaron y pulverizaron, los nuevos lidercillos perdieron la capacidad para lograr acuerdos entre sí, a los gobiernos locales ya no le resultó tan fácil —ni tan productivo— negociar con ellos de manera tácita o explícita, la seguridad personal se volvió cada vez más incierta y la sociedad civil se convirtió en cotidiana víctima colateral de sus refriegas. Como en 1810 y 1910, en 2010 el ejército volvió a las calles, los medios de comunicación se saturaron con partes de guerra y una nueva cultura bélica, ligada al narco y a sus víctimas, se apropió del imaginario colectivo.

A cien años de distancia, y a más de setenta de la legalización de las drogas en el orbe (antes de la prohibición siempre lo habían sido), la guerra contra el narco mexicana luce como otra de esas tragedias producto de la irracionalidad que han azotado a distintas sociedades a lo largo de la historia. Así como en 2010 aún se miraba con asombro e incomprensión que Estados Unidos se hubiese empeñado en prohibir el consumo de alcohol durante la segunda década del siglo XX — generando un fabuloso mercado negro y el inmediato enriquecimiento de la mafia—, a nosotros aún nos cuesta entender que la ilegalización de las drogas, una insólita medida de salud pública —la más perfecta expresión del biopoder, en términos de Michel Foucault—, fuese la causante de tantas pérdidas humanas, del enriquecimiento de los cárteles y la aparición de una sociedad parasitaria de sus ganancias.

Fue el propio presidente estadounidense de la época, Barack Obama, quien fijó la comparación entre estos dos fenómenos cuando, con el afán de halagar a su colega mexicano, afirmó que Calderón era el "Elliot Ness mexicano". Sin duda la actuación policíaca del presidente fue igual de decidida, pero no debe olvidarse que la carrera de Ness sólo pudo concluir cuando la absurda prohibición contra el alcohol fue levantada. Los críticos más lúcidos de la época no cesaron de señalarlo: ¿por qué el estado ha de impedir que sus ciudadanos mayores de edad tomen drogas? ¿Para no perder su fuerza de trabajo? ¿Para no pagar los costes de su rehabilitación? Con enorme hipocresía, los defensores de la ilegalización trataban a los ciudadanos como a niños sin conciencia y en realidad contribuían a sostener un negocio millonario. Porque la ley económica se reveló, como siempre, irrefutable: mientras hubo demanda hubo oferta y ésta no dejó de crecer a lo largo de las primeras décadas del siglo XXI pese a los millones de dólares invertidos en combatirla. Aunque legítima —al estado no se le puede pedir que incumpla las leyes—, la guerra contra el narco estaba condenada al fracaso, y no porque la estrategia bélica fuese necesariamente errónea, como aseguraron muchos de sus críticos, sino porque su principal objetivo —frenar el tráfico de drogas— era inalcanzable. Más allá de las proclamas públicas y de la exhibición constante de capos y pacas de cocaína, marihuana o drogas sintéticas decomisadas, el comercio ilegal de drogas nunca se detuvo, ni en México ni en ninguna otra parte. Por ello, los gobiernos posteriores prefirieron fijarse una meta más modesta y efectiva: no detener el narcotráfico, sino limitar la violencia asociada con éste. Aunque los paladines de la ilegalización quisieron comparar esta estrategia con la connivencia o los pactos de la época priista, se trató de un paso adelante que, de manera realista, buscó reinstaurar cierto orden tácito al tráfico de drogas —limitando las bajas civiles—, al tiempo que reconocía la necesidad de avanzar en una política global de legalización. En ninguna medida se trató de negociar con los narcos o de ceder a sus chantajes, sino de reorganizar la maltrecha base social de amplias zonas del país y de reconfigurar un sistema basado en la protección de las libertades cívicas que los propios narcos, cada vez menos conspicuos, también prefirieron cumplir.

La tarea no fue sencilla, pero la reconstrucción de un poder judicial autónomo y de cuerpos policiales menos susceptibles de ser corrompidos, y en especial la puesta en marcha de ambiciosos programas sociales y educativos en las áreas de mayor riesgo, permitieron que hacia 2005 los índices de violencia se contrajesen a los niveles del 2007 y que, a partir de 2007, disminuyesen progresivamente, si bien jamás se detuvo el incremento de la producción o el consumo de drogas. Así, México se colocó en primera línea durante las gigantescas movilizaciones mundiales que a la larga condujeron a la primera ola de legalización, encabezada por Brasil y otras potencias emergentes en 2009.

Segundo acto. Las desventuras de la democracia

En 2010, la guerra contra el narco terminó por ocultar otros de los mayores problemas del país, algunos acaso más urgentes —como la desigualdad—, así como muchos de sus logros y aciertos, que también los hubo. El triunfo del PAN en el 2000, luego de 69 años de gobiernos priistas, fue un punto de inflexión que sin embargo no llegó a modificar drásticamente las viejas estructuras del priismo. Para México, como para otras naciones latinoamericanas, la democracia había sido un anhelo largamente pospuesto y, cuando por fin llegó, no resultó la panacea que muchos esperaban. Al contrario: la democracia planteó nuevos desafíos y exacerbó la inestabilidad heredada del modelo autoritario. Vicente Fox intentó crear un gobierno de coalición, invitó a destacados priistas e intelectuales a formar parte de su equipo y se esforzó por ofrecer una imagen incluyente y abierta. En medio del entusiasmo desatado por su victoria, logró impulsar unos cuantos proyectos capitales —como el Instituto Federal de Acceso a la Información— y consolidó algunos procesos ya en marcha, como el respeto a la libertad de expresión. Pero su vitalidad como candidato se vio contrarrestada con su falta de preparación como presidente y la sensación de que su esposa era quien controlaba aspectos vitales de su gobierno. Entretanto, un Congreso de la Unión empantanado entre las tres principales fuerzas políticas se dedicó a bloquear cualquier iniciativa arriesgada o novedosa, desperdiciando el capital político ganado durante el 2000.

Apenas tres años después de su llegada, la democracia parecía haber perdido su atractivo para los ciudadanos mexicanos. Entre 2003 y 2006, Fox abandonó cualquier iniciativa de cambio, se regodeó con su imagen y se concentró en impedir que López Obrador, entonces popular alcalde de la ciudad de México, pudiese convertirse en su sucesor. Como candidato, Fox le hizo un gran bien a la democracia mexicana, pero su animadversión hacia el alcalde le causó un daño irreparable.

A cien años de distancia todo es claro que, en el recuento de los votos, Felipe Calderón en efecto venció a López Obrador por unas décimas de punto, pero es innegable que ello se debieron en buena medida al apoyo que le concedió Fox y a la sucia campaña televisiva pagada por influyentes empresarios. El 2006 fue el reverso del 2000: una sucesión de errores, desacuerdos y actos de soberbia que mancillaron la reluciente vida institucional del país. Así, mientras López Obrador se decantó por una vía extremista, alejada por completo de la legalidad, Calderón emprendió la guerra contra el narco. En medio de estos dos extremos, los ciudadanos se vieron arrastrados a tomar partido o terminaron por hastiarse de la democracia que apenas habían estrenado. Un ejemplo: durante las elecciones intermedias del 2009, el principal debate público ya no era por quién votar, sino si los ciudadanos debían hacerlo en blanco para demostrar su repudio hacia una clase política que percibían lejana e irresponsable. Con un congreso dividido —aunque ahora con mayoría del PRI—, otra vez las reformas quedaron en el aire. Fuese a causa de la intransigencia de la izquierda, los intereses espurios del PRI o las afinidades empresariales del PAN, se volvió imposible modificar el anquilosado esqueleto legal y económico del país. Así, el gobierno descuidó promover otros temas de su agenda, e incluso su proyecto más exitoso y perdurable, el Seguro Popular, quedó un tanto oscurecido.

En medio del hartazgo y del miedo, los festejos por el bicentenario y el centenario se vieron empañados. Numerosos críticos habían presagiado que un partido como el PAN, cercano a los sectores más conservadores del país, iba a sentirse incómodo celebrando a los héroes ensalzados —más bien reinventados— por el PRI, y que a la larga intentarían sustituirlos caudillos afines como Iturbide. No fue así. El gobierno panista decidió realizar las celebraciones con un entusiasmo que bordeó la fiebre nacionalista con todo tipo de actividades. El fracaso de algunas de ellas —la canción o el arco del Bicentenario— no enturbió la energía con la cual los funcionarios gubernamentales organizaron las fiestas. Pero lo más notable fue el enfoque explícitamente no ideológico que el PAN le confirió a la historia patria. Si bien hay que reconocer su apertura, esta aproximación configuró, inevitablemente, otro discurso: la necesidad de distanciarse de la Historia, de aligerar su peso, de mirarla como un pretexto para la unidad. La conmemoración invitaba a olvidarse de las calamidades cotidianas —el cotidiano recuento de víctimas en horario prime time— y a refugiarse en la sensación de ser "orgullosamente mexicano" —el lema oficial de las celebraciones—, es decir, orgulloso de todo lo que no aparecía en los noticieros. El acto central de las conmemoraciones fue un fastuoso espectáculo multimedia en el Zócalo de la ciudad de México, frente al cual nadie pudiera sentirse excluido. Un último dato: a nivel local, los estados replicaron el mismo enfoque, sin importar si se estaban gobernados por el PAN, el PRI o el PRD, lo cual no habla de la escasa imaginación de la clase política de entonces, sino de la homogeneidad que la sociedad del espectáculo había alcanzado en todas partes.

Tercer acto. Otros Méxicos

En el México de 2010, el estruendoso prefijo narco consiguió anteponerse a todas las manifestaciones de la cultura mexicana, de los narcocorridos a la narcoliteratura, pasando por el narcocine, la narcotelenovela, el narcoarte conceptual, la narcoópera o la narcodanza. Pese a la innegable visibilidad de sus manifestaciones, se trataba sin embargo de una pequeña porción en medio de la inmensa actividad artística que se desarrollaba en el país en aquellos años. Una pantalla que, al amparo de los medios electrónicos, ocultaba la rica variedad imaginativa del momento.

Los narcocorridos existían desde mucho antes de la guerra contra el narco; herederas de los cantantes de corridos revolucionarios, las bandas norteñas ensalzaban las aventuras de los capos —nuevos héroes clandestinos en el imaginario colectivo— y, a la manera de los antiguos bardos medievales —como sugirió Yuri Herrera en una de las mejores novelas de la narcoliteratura, Trabajos del reino—, no tardaron en ponerse al servicio de los nuevos reyezuelos. Una profesión en la que no escaseaban los peligros: si alguno de los cantores llegaba a narrar episodios inconvenientes de sus carreras criminales, o los traicionaban para ensalzar a sus rivales, podían terminar ejecutados por sus mecenas. En algún momento, el gobernador de Sinaloa —uno de los estados donde nació el narco— intentó prohibir estas manifestaciones de la cultura popular, evidentemente sin éxito alguno.

La narcoliteratura, por su parte, se había iniciado años atrás en Colombia, con obras emblemáticas como La virgen de los sicarios de Fernando Vallejo o Rosario Tijeras de Jorge Franco. En México, correspondió a Élmer Mendoza el mérito de iniciar su andadura: sinaloense como algunos de los principales capos, retrató eficazmente sus usos y costumbres, y en especial su lenguaje, empleando los recursos de la novela negra. Decenas de escritores de todas las regiones del país —y no sólo del norte, como llegó a decirse— no tardaron abrevar de estos modelos y en replicarlos sin fin. El éxito de la fórmula también inspiró a creadores de otros países: el cineasta estadounidense Steven Soderberg filmó la muy eficaz Traffic, el novelista policíaco Dan Wislow narró de manera apenas disimulada la historia de los Arellano Félix y el asesinato del agente Camarena en El poder del perro, y el español Arturo Pérez Reverte publicó La Reina del Sur, pronto convertida en una telenovela que invitaba al público a identificarse con las aventuras de una hermosa —y de buen corazón— jefa del narco.

En medio de esta agitación, un dato resulta significativo: de entre las miles de actividades programadas para celebrar el bicentenario —de programas de televisión a libros académicos, de coloquios y mesas redondas a fiestas populares, del show en el Zócalo de la capital a concursos de todo tipo—, destaca que el propio gobierno federal financiase la película El infierno, de Luis Estrada, una comedia negra que acaso sea la crítica más severa emprendida hacia la guerra contra el narco animada por ese mismo gobierno. Ello no sólo habla de la nueva libertad de expresión existente en el país, imposible durante la época priista, sino de la necesidad de confrontar un problema que había buscado convertirse en el único tema de discusión pública. Como señaló irónicamente la artista plástica Teresa Margolles con el título de una instalación presentada en la Bienal de Venecia de 2009, a la que por cierto acudió como representante oficial de México: "¿De qué otra cosa podríamos hablar?"

Los clichés no cesaron de replicarse: escenas de una crueldad cada vez más abyecta, bellas mujeres capaces de enfrentarse a los capos, una policía siempre corrupta, funcionarios y políticos irresponsables o cómplices del narco y una sociedad civil siempre amedrentada. Convertida en sucedáneo del realismo mágico como nuevo paradigma del exotismo de América Latina, la narcoliteratura también produjo también obras notables, como la mencionada Trabajos de reino o Los minutos negros, de Martín Solares. En el cine y en la televisión ocurrió lo mismo: de la telenovela pionera, Demasiado corazón, en 1998, a La Reina del Sur y El infierno en 2010 —con el paso intermedio de numerosas series colombianas—, los narcos se introdujeron en las pantallas caseras, lo mismo como crueles villanos que como románticos antihéroes, contribuyendo también a la saturación del imaginario mexicano con sus vidas enloquecidas y salvajes.

Insisto: en el México del 2010 había muchos Méxicos además del México del narco. El país nunca fue, a lo largo de este período, un "estado fallido": con 112 millones de habitantes y una de las mayores economías del mundo, era una sociedad demasiado compleja para ser reducida a una sola expresión. Su mayor problema, de hecho, no era el narcotráfico sino la gigantesca inequidad que se vivía en su interior y la falta de una auténtica reforma educativa. El lugar común dice que el México de 2010 era, sobre todo, un país de contrastes: contaba con el hombre más rico del mundo —el empresario de origen libanés Carlos Slim— y con cerca de cuarenta millones de habitantes sumidos en la pobreza; con barrios tan modernos y cosmopolitas como Nueva York o Berlín, y con zonas que no se distinguirían de Calcuta o El Cairo; con una vida cultural tan rica en la ciudad de México como en Madrid o Roma, y con regiones donde no existía ninguna manifestación cultural al alcance de cientos de miles de ciudadanos (fuera de la televisión).

Imposible resumir la inmensa variedad de manifestaciones que escapaban a la narcocultura: habría que señalar, más bien, la ausencia de dictados críticos únicos, un ambiente artístico movedizo y cambiante, la falta de patrones reconocibles, la ausencia de grupos y movimientos, la preeminencia de las corrientes centrales del mainstream y el entretenimiento global, y la proliferación de microecosistemas culturales capaces de sobrevivir de manera más o menos autónoma. Como otros países de América Latina, México había dejado de ser un país fácilmente encasillable: el exotismo representado por el realismo mágico en literatura, o por los muralistas y Frida Kahlo en artes plásticas, se había desvanecido por completo y los artistas y escritores estaban más interesados en sus preocupaciones individuales y en responder a tradiciones múltiples que en obedecer a los dictados de este nuevo exotismo. En resumen, el México de 2010 era muchos Méxicos, fragmentados y plurales, discontinuos y fractales. Méxicos que, por primera vez en su historia, ya no estaban interesados en la construcción —o reconstrucción— de la onerosa carga de la identidad nacional.

Epílogo

¿Y después?

Después, de manera inverosímil, las buenas noticias comenzaron a sucederse. A partir de 2002, se iniciaron las primeras grandes manifestaciones mundiales para exigir (de nuevo) la despenalización de las drogas; en 2004, se llevó a cabo una de las mayores, en la ciudad de México, a la que asistieron unos dos millones de personas; en 2008, una amplia coalición de izquierda llegó al poder con la consigna de la despenalización; ratificada en las urnas en 2005, la coalición se decidió a hacerla efectiva en 2007, con un amplio consenso en el Congreso. Otros problemas, como la inequidad, tardaron más en resolverse, pero a pesar de las crisis económicas de 2004 y 2008, el país era ya, hacia 2005, la quinta economía del mundo, sólo por detrás de China, India, Brasil y Estados Unidos.

En 2005 se iniciaron las conversaciones con este último país para acentuar la unión fronteriza ratificada —no sin controversias— en 2009. Y así llegamos al día de hoy, recordando los trescientos años del inicio de la independencia de México justo cuando este país ha dejado de existir. Lo que no se ha desvanecido es la pujanza cultural de sus ciudadanos en todas las disciplinas. Y un dato que no resulta menor: el español se convirtió en lengua dominante en la nueva Unión Norteamericana, con 62 por ciento de hablantes, frente al 33 por ciento del inglés, el 3 por ciento del francés y el 3 por ciento de lenguas originarias. Como fuere, vale la pena recordar esta gesta y pensar que, con la miopía que caracteriza a los pueblos en el presente, los mexicanos de las primeras décadas del siglo XXI no podían siquiera imaginar el brillante porvenir que les aguardaba a sus descendientes —esto es, a nosotros— cien años después.

Ciudad de México, 12 de abril de 2011

Breve guía de la narativa hispánica de América

En cien aforismos (Casi tuits)

I. El océano

Al principio, una provocación. Hoy, casi una declaración de principios: América Latina ya no existe. O sólo existe en la medida en que se organizan congresos literarios, sociales, políticos y artísticos -nunca científicos- sobre América Latina.

Una elíptica confirmación de lo anterior: la mayor parte de los congresos sobre América Latina se organizan fuera de América Latina. Quizás la mayor prueba de la desaparición de América Latina es la nostalgia por ese territorio perdido.

Tan fácil es sentirse latinoamericano como difícil explicar el contenido de esta expresión.

En el período que va de 1959 a 1989 —los límites son arbitrarios— resultaba sencillo definir a América Latina: una región dominada por dictadores, guerrilleros, música latinoamericana (de Gardel a Silvio Rodríguez), futbolistas y la retórica del realismo mágico.

América Latina, esa América Latina, sólo existió durante ese "breve espacio": cuando todos, dictadores, guerrilleros, escritores y músicos, e incluso los ciudadanos de a pie, creían que su trabajo los volvía auténticamente latinoamericanos.

Durante más de treinta años, América Latina se convirtió en una de las marcas mejor posicionadas en el orbe. Todos querían algo típicamente latinoamericano: un novelón épico, una imagen del Che, un disco de salsa con una mujer semidesnuda en la portada, un anhelo, una idea. Los dictadores, auspiciados y pagados por Estados Unidos, aspiraban, ellos sí, a un continente homogéneo. La Operación Cóndor fue una idea auténticamente latinoamericana.

Los guerrilleros, auspiciados y pagados por Cuba, y esta a su vez por la Unión Soviética, aspiraban a liberar a la región con la fuerza revolucionaria. Otra idea latinoamericana.

Mientras tanto los escritores del Boom inventaban una América Latina tan deslumbrante que se volvió real.

Dos acontecimientos erosionaron en los 60 la nueva homogeneidad de América Latina: el caso Padilla y el inesperado éxito del realismo mágico. El caso Padilla dividió para siempre a los intelectuales latinoamericanos. Los simpatizantes de Cuba -con García Márquez y Cortázar a la cabeza- y los detractores de Cuba -con Paz y Vargas Llosa como epítomes- se convirtieron en facciones irreconciliables.

Aún hoy los herederos de los antiguos procastristas, reconvertidos en partidarios de una izquierda más o menos democrática, no toleran a los herederos de los viejos anticastristas, reconvertidos en fanáticos del libre mercado. Y viceversa.

El daño provocado por la entronización del realismo mágico como paradigma único fue enorme (la culpa no es de García Márquez). 1º, porque se convirtió en el instrumento único para interpretar la realidad latinoamericana. 2º, porque ensombreció la inmensa variedad imaginativa del Boom y de la literatura latinoamericana en general. Transformado en herramienta sociológica por la crítica europea y estadounidense, el realismo mágico convirtió a América Latina en un parque temático del absurdo. Un lugar donde ocurrían las cosas más insólitas o terribles sin que nadie se inmutara. El reino del conformismo. No fue García Márquez, sino sus apologetas e imitadores, quienes hicieron de América Latina el receptáculo del exotismo que siempre ha necesitado, como contraste a sus propias pulsiones, la sociedad occidental.

Si al realismo mágico se le añade cierto componente social, como hizo la izquierda académica, el coctel se torna adictivo. América Latina ya no sólo como resort, sino como depósito de las frustraciones de la burguesía internacional.

América Latina alcanza su apogeo en 1982, con el Premio Nobel a García Márquez, y justo entonces se inicia su declive.

En los 80, las dictaduras comienzan a resquebrajarse (salvo en Cuba). Las guerrillas son aniquiladas o disueltas (salvo en Colombia). Y la incesante repetición de los clichés del realismo mágico comienza a empalagar a los latinoamericanos (todavía no al resto del mundo).

En los últimos años del siglo XX, América Latina sólo se conserva en las guías turísticas (y la nostalgia occidental). Sus distintos países apenas se conocen entre sí y sus sociedades se han vuelto cada vez más abiertas y plurales, más reacias al encasillamiento.

Con la firma del Tratado de Libre Comercio de América del Norte en

1994, México se escinde de América Latina. Toda su dinámica social, económica y política -y, en buena medida, cultural- se dirige hacia el Norte.

Centroamérica, en los 90, abandona las guerras civiles. Y se precipita, casi de inmediato, en la violencia de las pandillas y del narcotráfico y, salvo excepciones, en la obscena corrupción gubernamental.

América del Sur entretanto explora vías propias: una camada de líderes de izquierda, más o menos democráticos, inunda la región. Chávez se convierte en su mala cara y Lula en la buena.

Chávez encarna la peor nostalgia latinoamericana. Escucharlo glosar a Bolívar es como reproducir un mal bolero en un viejo acetato: clama, ruega o chantajea a sus colegas en aras de una unidad que sabe imposible. Imposible desdeñar, eso sí, los incipientes mecanismos de integración de América del Sur. Pero si con los años se consolida allí una unión trasnacional, heredera del Mercosur o el Unasur, será para construir una América Latina distinta: con Brasil y sin México.

Todavía hoy, cuando se habla de América Latina, se piensa en una región azotada por la desigualdad, la corrupción y la violencia (aunque ya casi no haya dictadores ni guerrilleros), en la música latina (ya no latinoamericana, del Buena Vista Social Club a Shakira), en sus futbolistas y en una literatura que, a falta del realismo mágico, comienza a centrarse en esa nueva vertiente del exotismo encarnada por el narcotráfico.

Es enternecedor -y políticamente correcto- decirse latinoamericano. Pero pocos de quienes lo afirman viven, en realidad, la experiencia de América Latina. Los habitantes de un país apenas viajan a otro. Nada saben sobre su cultura contemporánea. Y no disponen de ningún medio -fuera de CNN en español o del *mainstream* del entretenimiento global- para conocer a sus vecinos.

La idea de América Latina, a principios del siglo xxi, es cosmética. Una copia pirata que intenta resucitar una marca en desuso.

América Latina fue una hermosa invención. Y, como toda utopía, el pretexto para justificar numerosas atrocidades. Si de verdad creemos en un proyecto supranacional, deberíamos pensar en otra cosa. Y elegir otro nombre.

Si América Latina ya no existe, estas reflexiones deberían concluir aquí. Porque entonces tampoco existe la literatura latinoamericana.

II. El continente

De Nobel a Nobel. El gran arco de la literatura latinoamericana se tiende entre el muy temprano Premio a García Márquez, en 1982, y el muy tardío a Vargas Llosa, en 2010.

El Nobel a García Márquez consagra el esplendor de la literatura latinoamericana -y de América Latina- en el mundo. Y convierte al realismo mágico en su única expresión. Tres décadas después, el Nobel a Vargas Llosa desmiente el malentendido. El Boom nunca se redujo al realismo mágico. Y América Latina nunca fue sólo Macondo. El Nobel a García Márquez sonó como una fanfarria para América Latina. El Nobel a Vargas Llosa, como su réquiem.

El Nobel a Vargas Llosa se siente irremediablemente anticlimático. No porque él no lo merezca, por supuesto. Sino porque se anunció cuando Vargas Llosa es, con Carlos Fuentes, el último representante de una especie que se extingue.

Vargas Llosa y Fuentes son los últimos intelectuales típicamente latinoamericanos. Los últimos voceros autorizados de la región. Nuestros últimos interlocutores con Occidente.

Para los autores del Boom, hubo siempre un tema imprescindible: el poder. En una u otra medida, García Márquez, Vargas Llosa o Fuentes no tuvieron más remedio que lidiar con él. En sus libros. Y, con igual intensidad, en sus vidas.

Pocas generaciones tan próximas al poder como el Boom. Sin duda, Fuentes, García Márquez y Vargas Llosa han sido sus críticos más severos. Pero también han sido permanentemente tentados por él. Los autores del Boom comprueban la aporía de Foucault: el saber produce poder, y viceversa. Si tantos políticos y empresarios los halagan es porque saben que sus palabras crean realidad.

Los escritores de las generaciones posteriores ya no quieren o ya no pueden ocupar la posición del Boom. Cuando Vargas Llosa y Fuentes hablan, habla América Latina. Cuando lo hace cualquier otro autor, habla un peruano, un mexicano, un argentino. Y, con los más jóvenes, ni eso: un simple escritor.

Cuando los regímenes autoritarios campeaban en América Latina, los escritores disfrutaban de una libertad de expresión mayor a la del ciudadano común. El arte los protegía de las represalias (no siempre). Y los convertía en conciencias de la sociedad. La llegada de la democracia les arrebató esa condición.

En las nuevas democracias, no son ya los escritores de ficción o los poetas quienes critican al poder, sino esa nueva clase de comentaristas que se ha adueñado del espectro público.

Los politólogos sustituyeron a los escritores. Con ello, los ciudadanos ganamos en destreza académica (ni siquiera estoy muy seguro), pero perdimos en estilo.

Pese a contar con indudables momentos de brillantez, el discurso político del Boom saturó a las nuevas generaciones. En las últimas décadas nada resulta tan antipático, tan demodé, como un escritor comprometido.

La democracia había sido tan anhelada en América Latina que, cuando al fin apareció, no tardó en decepcionarnos. La democracia no era la panacea, sino una fuente de nuevos conflictos. Despojados de su condición de conciencia social, los escritores posteriores al Boom se escoraron por completo de la vida pública.

A diferencia de lo que ocurrió con el Boom, donde Vargas Llosa incluso pudo ser candidato a la presidencia sin comprometer su prestigio, hoy se cree que el mero roce de la política contamina a los escritores. La devaluación del realismo mágico, sumada a la instauración de sociedades más plurales, permitió redescubrir a escritores olvidados o menospreciados. De pronto, la literatura latinoamericana pareció más rica -y más difícil de clasificar- de lo que nadie había supuesto.

Más que el post-Boom, a partir de los 90 se hizo visible una generación completa que había sido su contemporánea. El grupo de la revista Medio Siglo, en México, o autores como Saer o Antonio di Benedetto en Argentina, de pronto pudieron ser leídos como novedades. Los autores nacidos entre 1950 y 1965 -fechas otra vez arbitrarias- son demasiado jóvenes para haber sufrido el eclipse del Boom, pero suficientemente maduros para sufrir la opresión de los regímenes autoritarios: Piglia, Eltit, Villoro, Abad Faciolince, Boullosa, Castellanos Moya, Sada, Bellatin, Aira, Pauls, Fontaine y, por supuesto, Bolaño.

Bolaño sólo tiene un precedente: García Márquez.

¿Por qué Bolaño? Quizás porque llevó a sus límites mejor que nadie la estética del Boom. Y porque negó con la misma fiereza su idea de lo que debe ser un escritor latinoamericano.

Por su arquitectura y su ambición narrativa, Los detectives salvajes y 2666 son herederas directas de Cien años de soledad, La casa verde, Terra Nostra o Rayuela. Ideológicamente, son su reverso.

Bolaño admiraba tanto el riesgo estético original del Boom como detestaba su autocomplacencia, su fe latinoamericanista y su discurso hegemónico.

Para Bolaño y sus coetáneos, a partir de los ochenta el Boom se había convertido en una institución monolítica, una marca comercial, en un paradigma tan poderoso como el que sus miembros habían desmantelado décadas atrás. Para sobreponerse a ellos, no bastaba con insultarlos: había que subvertir su discurso.

Cada libro de Bolaño es un pulso con el Boom. Y un homenaje implícito. Textos llenos de parodias y burlas, de juegos estilísticos, de socarronería y mala leche y, sottovoce, de honda admiración.

Los detectives salvajes es una Rayuela sin romanticismo ni artificios experimentales, ubicada en el desierto mexicano en vez de París, salpicada de dardos envenenados contra la historia literaria oficial. Pero, como Rayuela, también es un canto épico al magma vital de la literatura.

2666 es la mayor respuesta posible a Cien años de soledad. Sin magia, sin genealogías explícitas, sin la cegadora belleza del estilo. Pero con la misma ambición: la voluntad de transgredir todos los códigos e inventar otra América Latina.

Si los textos de Bolaño están plagados de oscuras referencias literarias es porque necesitaba desmantelar el canon del Boom. Porque necesitaba crear su propio sistema de signos, su propio contexto, su propia recepción.

Como los autores del Boom, Bolaño fue un autor ferozmente político. Sólo que su discurso no intentaba ser una respuesta ideológica al autoritarismo, sino un elusivo retrato de la microfísica del poder.

Vargas Llosa, Fuentes o García Márquez narraron el poder desde dentro: O Conselheiro, Artemio Cruz o Aureliano Buendía. O lo experimentaron en carne propia. Bolaño prefirió exhibir sus aristas, sus márgenes, sus corrientes subterráneas. Y, en la práctica -gracias tal vez a su muerte prematura- siempre se escabulló de él.

En contra de la imagen construida en el ámbito anglosajón, Bolaño no era un outsider ni un rebelde sin causa, sino un infiltrado que conocía a la perfección el sistema y que se empeñó en desestabilizarlo desde dentro.

¿Cómo el resto del mundo ha endiosado a un autor que no cesa de hacer guiños privados, chistes y burlas a una tradición la latinoamericana- que a la mayoría se les escapa? Porque Bolaño le arrebató esa tradición a los latinoamericanos, la pervirtió y la transformó en un instrumento a su servicio.

Bolaño se convirtió, primero, en el gurú de los menores de cuarenta. Luego, en un ídolo de culto en Europa. Y, por fin, en una superestrella gracias a su entronización en Estados Unidos. ¿Un malentendido? Quizás todas las grandes obras literarias lo sean.

Bolaño ha comenzado a sufrir la suerte del Boom: el paso de las orillas al centro lo ha vuelto, de pronto, hegemónico. En Estados Unidos, Bolaño no es el último, sino el único escritor latinoamericano. Y de nuevo la intensa variedad de la región ha quedado sepultada bajo su marca.

Bolaño vivió obsesionado por América Latina, pero a su muerte incluso él ha dejado de ser latinoamericano. Su nacionalidad apenas importa a sus lectores. Más que un escritor global, un escritor apátrida.

III. Los archipiélagos

Pertenezco a una generación cuyo mayor mérito consistió en tratar de normalizar a América Latina. Aunque otros lo pensaron antes, McOndo y el Crack pusieron sobre la mesa la quiebra del realismo mágico.

En 1996, dos iniciativas, una chilena y otra mexicana, sin conocerse mutuamente, alzaron su voz contra esa América Latina que se resquebrajaba. Eran los síntomas de un profundo malestar en la región. Los antologadores de McOndo querían señalar, con este título sarcástico, que América Latina ya no existía. O, más bien, que existía otra América Latina, dominada por las contradicciones de la modernidad y no por la magia o el exotismo.

El Crack, por su parte, buscaba reencontrar los orígenes del Boom: el momento anterior a la eclosión global del realismo mágico, cuando sus autores dinamitaban el discurso dominante en vez de representarlo. Más allá de sus flaquezas juveniles, McOndo y el Crack contribuyeron a jubilar esa construcción de tres décadas llamada América Latina. Durante la época de esplendor del Boom, la edición en español se dividía con bastante equidad entre España, México y Argentina. A partir de los 80, el desequilibrio que favorece a las editoriales peninsulares se vuelve apabullante.

De pronto, los grandes grupos españoles controlan la edición en América Latina. Y España se convierte en una Meca para los nuevos escritores latinoamericanos.

Mientras a los autores del Boom les gustaba pasar temporadas en España, para los escritores nacidos en los 60 y 70 publicar en España se torna una obsesión.

Si los intercambios editoriales entre los países latinoamericanos habían comenzado a disminuir desde los setenta, en los ochenta se vuelven raquíticos. Los únicos libros que circulan de un país a otro son españoles.

A inicios de los 90, los escritores latinoamericanos publicados en España (con la obvia excepción del Boom) se cuentan con los dedos de una mano.

Los esfuerzos para hacer circular las novedades literarias de un país a otro fracasan sin remedio. Carentes de referencias comunes, a los lectores de un lugar no les interesan los libros de sus vecinos.

A diferencia de los autores del Boom, los nuevos escritores no cuentan con editores dispuestos a apostar por ellos más allá de sus fronteras nacionales.

Si se atiende sólo al mercado editorial español, entre 1982 y 1998 la literatura latinoamericana es un fantasma. Imitadores del realismo mágico, obras postreras del Boom, y poco más.

El desierto comienza a repoblarse a partir de 1998, con la publicación de Los detectives salvajes.

A partir de 1999, los escritores latinoamericanos vuelven a ganar premios importantes en España. Primero, la resurrección del Biblioteca Breve para JV. Luego, en 2000, el Primavera para Ignacio Padilla. Y, en 2003, el Alfaguara para Xavier Velasco.

A partir del 2000, las editoriales españolas vuelven a perseguir su autor latinoamericano de moda. La estrategia no funciona. Porque ya ninguno de esos escritores parece latinoamericano.

Al iniciarse la segunda década del siglo XXI, la literatura latinoamericana no sólo ya no existe, sino que, fuera de a unos cuantos académicos, a nadie le importa su desaparición. Para bien o para mal, ser latinoamericano ha dejado de ser chic.

A partir de fines de los 90, resulta inútil decir "narradores latinoamericanos" o "narrativa de América Latina". Lo más preciso sería "narrativa hispánica de América" (nha), en donde "hispánica" no se refiere a la lengua del escritor (que a veces es el inglés), sino a su filiación imaginaria.

A principios del siglo XXI, la nha ya no responde conscientemente a la tradición de la literatura latinoamericana canonizada durante el Boom, sino que responde a otras tradiciones, aunque con especial énfasis en la

216

literatura anglosajona (o, más bien, en los dictados del mercado literario internacional).

El siglo XXI señala el fin de la vieja y amarga polémica entre literatura nacional y universal que azotó a América Latina durante dos siglos. Pero con la globalización no ganaron los cosmopolitas, sino el mercado internacional.

A principios del siglo XXI, la nha carece de movimientos o grupos explícitos. Las generaciones se mezclan y recomponen, para fastidio de los académicos. La literatura identitaria se halla en vías de extinción. Quedan unos cuantos escritores, y sus obras. La taxonomía, pasión crítica por antonomasia, se vuelve impracticable.

Muerto Bolaño, dos argentinos ocupan su vacío, sin llenarlo. Ricardo Piglia, creador de brillantes piezas que enlazan ficción y metaficción (Borges + Artl). Y César Aira, autor de libros que son casi instalaciones (enésimo derivado de Duchamp).

Los escritores nacidos en los cincuenta se hallan de pronto descolocados frente a la sombra de Bolaño. Unos lo alaban, otros lo envidian, alguno lo contradice, nadie lo imita.

Imposible ofrecer un retrato de familia de estos escritores. Siendo estrictos, no valen criterios temáticos, ideológicos o estructurales para agruparlos. Si algo los une, es ser sobrevivientes.

Migrantes digitales, los escritores nacidos en los cincuenta han tardado en adaptarse a la nueva realidad líquida del mundo digital.

Salvo excepciones -Aira, Bellatin, Rivera Garza-, la narrativa tradicional mantiene su predominio (como en todas partes). Pocas artes tan conservadoras, a principios del siglo xxi, como la novela.

La literatura experimental vive con los mismos (pocos) fanáticos y los mismos (numerosos) detractores del arte conceptual. El arco se tiende entre Diamela Eltit, y sus juegos posmodernos de género (nuestra Jellinek), y Mario Bellatin, y sus juegos ultramodernos sin género (nuestro Beckett).

Un hecho clave para los nacidos en los 60 y 70 fue el congreso organizado en Madrid en 1999. Por primera vez en mucho tiempo, los escritores latinoamericanos volvieron a tener la ocasión de encontrarse. En España.

El breve arco de la nha reciente se tiende entre los congresos de Madrid, 1999, y Bogotá, 2008. El primero marca el último intento de resucitar a la literatura latinoamericana. El segundo es la comprobación última de su imposibilidad.

217

En 1999, los escritores celebran conocerse. En 2008, el desarrollo del correo electrónico, los blogs y las redes sociales muestra el carácter redundante de los congresos literarios. Los intercambios de ideas ya no se llevan a cabo en vivo.

En medio de estos dos congresos, una cita especial (por emotiva): Sevilla, 2004. Conviven, por primera y última vez, un miembro del Boom (Cabrera Infante), Bolaño, y once escritores nacidos en los sesenta y setenta. Burdo epílogo, la selección de Granta del 2010. Para entonces, ya ninguno de sus autores es latinoamericano y ni siquiera se busca ser más o menos equitativo con el número de representantes por país.

Un nuevo estereotipo: la narcoliteratura. Poco importa que sólo se haya reflejado en la ficción de Colombia, México y, en menor medida, Centroamérica. Para los nostálgicos, significa la resurrección de América Latina.

Decenas de libros rodean ya al narcotráfico, de la explotación comercial al registro lingüístico. E incluso cuenta con una obra maestra: Trabajos del reino, de Yuri Herrera. El problema es que un tema urgente se convierta, a causa otra vez de la necesidad de exotismo de occidente, en obligación.

Se dice que en América Latina proliferan los géneros: la novela histórica y policíaca, en particular. O la narrativa femenina. O la gay. Tanto como en cualquier parte.

Si los escritores nacidos en los 70 son esencialmente antipolíticos, los de los 70 y 80 son apolíticos. Sólo les interesa el poder en la medida en que interfiere con sus vidas privadas. Es pronto para hablar de los nacidos en los 90.

Entre los escritores nacidos en los 70 y 80 no hay grupos explícitos (al menos de momento). La individualidad como único imperativo. Otro fenómeno de los últimos veinte años: la extinción de la crítica periodística. Suplementos literarios agonizantes. Revistas literarias que se vuelven políticas.

En vez de manifiestos o revistas, blogs (algunos tan influyentes como el de Iván Thays). Para el chismorreo literario, Facebook. Y, para participar activamente en la vida intelectual (de un solo país), ese nuevo telégrafo que es Twitter.

Último fenómeno para dinamitar del todo la vieja idea de literatura latinoamericana: a Bogotá 39 fueron invitados como escritores latinoamericanos Daniel Alarcón y Junot Díaz. Ambos escriben en inglés.

El fin de las fronteras y las aduanas. De la distinción entre lo local y lo global. De la literatura como prueba de identidad (nacional, étnica, lingüística, sexual). El fin de los departamentos universitarios de "literatura latinoamericana", de "literatura española" y de "lenguas romances". ¿Y el inicio de qué?

Réquiem por el papel

Se reconocen como orgullosos herederos de una tradición legendaria: cada uno lleva a cabo su labor con paciencia y esmero, consciente de que en sus manos se cifra una sabiduría ancestral. Un pequeño grupo dirige los trabajos —elige los títulos, las tintas, el abecedario— mientras los dibujantes trazan figuras cada vez más sutiles y los artesanos se acomodan en silencio frente a sus mesas de trabajo, empuñando estiletes y pinceles, convencidos de que su industria constituye uno de los mayores logros de la humanidad.

¿Cómo alguien podría siquiera sugerir que su labor se ha vuelto obsoleta? ¿Que, más pronto que tarde, su noble profesión se volverá una rareza antes de desaparecer? ¿Que en pocos años su arte se despeñará en el olvido? Los monjes no pueden estar equivocados: han copiado manuscritos durante siglos. Imposible imaginar que éstos vayan a desaparecer de la noche a la mañana por culpa de un diabólico artefacto. ¡No! En el peor de los casos, los manuscritos y los nuevos libros en papel habrán de convivir todavía por decenios. No hay motivos para la inquietud, la desesperación o la prisa. ¿Quién en su sano juicio querría ver desmontada una empresa cultural tan sofisticada como ésta (y a sus artífices en el desempleo?

Los argumentos de estos simpáticos copistas de las postrimerías del siglo XV apenas se diferencian de los esgrimidos por decenas de profesionales de la industria del libro en español en nuestros días. Frente a la nueva amenaza tecnológica, mantienen la tozudez de sus antepasados, incapaces de asumir que la aparición del libro electrónico no representa un mero cambio de soporte, sino una transformación radical de todas las prácticas asociadas con la lectura y la transmisión del conocimiento. Si atendemos a la historia, una cosa es segura: quienes se nieguen a reconocer esta revolución, terminarán extinguiéndose como aquellos dulces monjes.

Según los nostálgicos de los libros-de-papel, éstos poseen ventajas que sus espurios imitadores, los libros-electrónicos, jamás alcanzarán (y por ello, creen que unos y otros convivirán por décadas). Veamos.

1.   Los libros-de-papel son populares, los lectores de libros-electrónicos son elitistas. Falso: los libros-electrónicos son cada vez más asequibles: el lector más barato cuesta lo mismo que tres ejemplares en papel ($ 60 USD), y los precios seguirán bajando. Cuando los gobiernos comprendan su importancia y los incorporen gratuitamente a escuelas y bibliotecas, se habrá dado el mayor impulso a la democratización de la cultura de los tiempos modernos.

2.   Los libros-de-papel no necesitan conectarse y no se les acaba la pila. En efecto, pero en cambio se mojan, se arrugan y son devorados por termitas. Poco a poco, los libros electrónicos tendrán cada vez más autonomía. Actualmente, un Kindle y un Ipad se mantienen activos por más de 10 horas: nadie es capaz de leer de corrido por más tiempo.

3.   Los libros-de-papel son objetos preciosos, que uno desea conservar; los libros-electrónicos son volátiles, etéreos, inaprehensibles. En efecto, los libros en papel pesan, pero cualquiera que tenga una biblioteca, así sea pequeña, sabe que esto es un inconveniente. Sin duda quedarán unos cuantos nostálgicos que continuarán acumulando libros-de-papel —al lado de sus añosos VHS's y LP's—, como seguramente algunos coleccionistas en el siglo xvii seguían atesorando pergaminos. Pero la mayoría se decantará por lo más simple y transportable: la biblioteca virtual.

4.   A los libros-electrónicos les brilla la pantalla. Sí, con excepciones: el Kindle original es casi tan opaco como el papel. Con suerte, los constructores de tabletas encontrarán la solución. Pero, frente a este inconveniente, las ventajas se multiplican: piénsese en la herramienta de búsqueda —la posibilidad de encontrar de inmediato una palabra, personaje o anécdota— o la función educativa del diccionario. Y vienen más. Por no hablar de la inminente aparición de textos enriquecidos ya no sólo con imágenes, sino con audio y vídeo.

5.   La piratería de libros-electrónicos acabará con la edición. Sin duda, la piratería se extenderá, como ocurrió con la música. Debido a ella, perecerán algunas grandes compañías. Pero, si se llegan a adecuar precios competitivos, con materiales adicionales y garantías de calidad, la venta on-line terminará por definir su lugar entre los consumidores (como la música).

6.   En español casi no se consiguen textos electrónicos. Así es, pero si entre nuestros profesionales prevalece el sentido común en vez de la nostalgia, esto se modificará en muy poco tiempo.

En mi opinión, queda por limar el brillo de la pantalla y que desciendan aún más los precios de los dispositivos para que, en menos de un lustro, no quede ya ninguna razón, fuera de la pura morriña, para que las sociedades avanzadas se decanten por el libro-electrónico en vez del libro-de-papel.

Así las cosas, la industria editorial experimentará una brusca sacudida. Observemos el ejemplo de la música: a la quiebra de Tower Records le ha seguido la de Borders; vendrán luego, poco a poco, las de todos los grandes almacenes de contenidos. E incluso así, hay editores, agentes, distribuidores y libreros que no han puesto sus barbas a remojar. La regla básica de la evolución darwiniana se aplicará sin contemplaciones: quien no se adapte al nuevo ambiente digital, perecerá sin remedio. Veamos.

1.   Editores y agentes tenderán a convertirse en una misma figura: un editor-agente-jefe de relaciones públicas cuya misión será tratar con los autores, revisar y editar sus textos, publicarlos on-line y promoverlos en el competido mercado de la Red. Poco a poco, los autores se darán cuenta de la pérdida económica que implica pagar comisiones dobles a editores y agentes. Sólo una minoría de autores de best-sellers podrá aspirar, en cambio, a la autoedición.

2.   Los distribuidores desaparecerán. No hay un solo motivo económico para seguir pagando un porcentaje altísimo a quienes transportan libros-de-papel de un lado a otro del mundo, por cierto de manera bastante errática, cuando el lector podrá encontrar cualquier libroelectrónico en la distancia de un clic. (De allí la crónica de un fracaso anunciado: Libranda).

3.   Las librerías físicas desaparecerán. Este es el punto que más escandaliza a los nostálgicos. ¿Cómo imaginar un mundo sin esos maravillosos espacios donde nació la modernidad? Es, sin duda, una lástima. Una enorme pérdida cultural. Como la desaparición de los copistas. Tanto para el lector común como para el especializado, el libro-electrónico ofrece el mejor de los mundos posibles: el acceso inmediato al texto que se busca a través de una tienda on-line. (Por otro lado, lo cierto es

que, salvo contadas excepciones, las librerías ya desaparecieron. Quedan, aquí y allá, escaparates de novedades, pero las auténticas librerías de fondo son reliquias).

4.   Unas pocas grandes bibliotecas almacenarán todavía títulos en papel. Las demás se transformarán (ya sucede) en distribuidores de contenidos digitales temporales para sus suscriptores.

¿Por qué cuesta tanto esfuerzo aceptar que lo menos importante de los libros —de esos textos que seguiremos llamando libros— es el envoltorio? Y que lo verdaderamente disfrutable no es presumir una caja de cartón, por más linda que sea, sino adentrarse en sus misterios sin importar si las letras están impresas con tinta o trazadas con píxeles? El predominio del libro-electrónico podría convertirse en la mayor expansión democrática que ha experimentado de la cultura desde... la invención de la imprenta. Para lograrlo, hay que remontar las reticencias de editores y agentes e impedir que se segmenten los mercados (es decir, que un libro-electrónico sólo pueda conseguirse en ciertos territorios).   La posibilidad de que cualquier persona pueda leer cualquier libro en cualquier momento resulta tan vertiginosa que aún no aquilatamos su verdadero significado cultural. El cambio es drástico, inmediato e irreversible. Pero tendremos que superar nuestra nostalgia —la misma que algunos debieron sentir en el siglo xvi al ver el Las muy ricas horas del Duque de Berry— para lograr que esta revolución se expanda a todo el orbe.

El último de los mohicanos

El último sabio de la tribu recorre el campo de batalla. Ante su mirada comparecen los árboles troceados, las cabañas incendiadas, los cuerpos exangües, los restos del pillaje y el saqueo, y no contiene su furia. Levanta los brazos y, con voz de trueno, impreca contra los bárbaros que han transformado al mundo en un páramo sin sentido. Con un nudo en la garganta, sigue su camino, consciente de que sus días están contados y de que —ay— ya nadie atiende sus consejos. Su nostalgia le impide recordar que, no hace tanto, sus palabras animaron la batalla.

En La civilización del espectáculo (2012), Mario Vargas Llosa se suma a la abultada lista de hombres de letras que, hacia el ocaso de sus días, se lamentan por la triste condición de su época. Si él no hubiese sido uno de los novelistas más portentosos y arriesgados del siglo XX —en muchos sentidos, el más joven—, recordaría al Sócrates que, en el Fedro, ruge contra la aparición de la escritura. Aunque a veces su tono moralista sea el de un héroe en el retiro, su voz mantiene la lucidez de sus mejores textos, aunque al final la ideología, más que los años, estropee algunas de sus conclusiones.

¿De qué se lamenta Vargas Llosa? De todo. Del estado actual de la cultura y la política, de la religión e incluso del sexo. Según él, todas estas vertientes de lo humano han sido pervertidas por la gangrena de la frivolidad. Ésta consiste "en tener una tabla de valores invertida o desequilibrada en la que la forma importa más que el contenido, la apariencia más que la esencia y el desplante —la representación— hacen las veces de sentimientos e ideas." La frivolidad, pues, como causa de que la cultura haya desaparecido; de que los políticos se hayan vuelto inanes o corruptos; de que el arte conceptual sea un timo; y de que hayamos extraviado el erotismo. Por su culpa, vivimos en la civilización del espectáculo: una era que ha perdido los valores que separaban lo bueno de lo malo —en sentido ético y estético— y donde, al carecer de preceptores, cualquiera puede ser engañado por mercachifles.

Bajo esta justa invectiva contra el carácter banal —y venal— de nuestros días, Vargas Llosa parece añorar los buenos tiempos en que una élite —justa e ilustrada— conducía nuestras elecciones. Según él, la existencia de una auctoritas permitió el desarrollo de la cultura gracias a que un pequeño grupo de sabios, cuya influencia no dependía de sus conexiones

225

de clase sino de su talento, señaló el camino a los jóvenes. (¿Quiénes serían esos aristócratas sin vínculos con el poder?) La consecuencia más perniciosa de la rebelión estudiantil de 1968 fue destruir la legitimidad de esa élite, provocando que toda autoridad sea vista como sospechosa y deleznable. Y, a partir de allí, le déluge.

El de Vargas Llosa es un vehemente elogio de la aristocracia (en el mejor sentido del término). No deja de ser curioso que alguien que se define como liberal —invocando una estirpe que va de Smith, Stuart Mill y Popper a Hayek y Friedman—, se muestre como adalid de una élite cultural que, en términos políticos, le resultaría inadmisible: un mandato de sabios, semejante al de La República, resulta más propio de un universo totalitario como el de Platón que del orbe de un demócrata. Por supuesto, Vargas Llosa no admite la paradoja: a sus ojos, su lucha contra al autoritarismo político —de Castro a Chávez, pasando por Fujimori—, no invalida su defensa de la autoridad en términos culturales porque ésta se demuestra a través de las obras.

Reluce aquí la fuente de su malestar: si el respeto a la élite cultural se desvanece, los parámetros que permiten distinguir las obras buenas de las malas —y a los autores que merecen autoridad de los estafadores— se resquebrajan. En un mundo así, ya no es posible confiar en nadie, ni siquiera en un Premio Nobel. Las masas ya no siguen a los sabios y, en vez de escuchar una ópera de Wagner o leer una novela de Faulkner, se lanzan a un concierto de Lady Gaga o devoran las páginas de Dan Brown. Para Vargas Llosa, no lo hacen porque les gusten esos bodrios, sino porque dejaron de hacer caso a los happy few que, a diferencia de ellos, poseían buen gusto. Vista así, la cultura —esa cultura— desaparece. Y se impone el caos.

Vargas Llosa no es, por supuesto, el primero en entristecerse al ver un estadio lleno para Shakira cuando sólo un puñado de fanáticos asiste a un recital de Schumann pero, en términos proporcionales, nunca tanta gente disfrutó de la alta cultura. Nunca se leyeron tantas novelas profundas, nunca se oyó tanta música clásica, nunca se asistió tanto a museos, nunca se vio tanto cine de autor. El novelista acepta esta expansión, pero piensa que algo se perdió en el camino, que el público de hoy no comprende el sustrato íntimo de esas piezas. ¿En verdad piensa que en el siglo xix los lectores de Hugo o Sue, o quienes abuchearon la première de La Traviata, eran más cultos?

¿Qué es, entonces, lo que le perturba? En el fondo, sólo ha cambiado una cosa: antes, las masas trabajaban; ahora, trabajan y se entretienen.

226

Pero al marxista que Vargas Llosa tiene arrinconado en su interior esto le resulta indigerible: al divertirse, sin abrevar en las aguas del espíritu, las masas están alienadas. En cambio, la pequeña burguesía ilustrada sigue allí, aunque ya no sea tan pequeña. De hecho, muchos de los lectores de Vargas Llosa provienen de sus miembros, aunque él también se haya convertido en parte de esa cultura popular que tanto fustiga —y que vuelve sinónimo de "incultura".

Cuando extrapola este análisis a la política, sus argumentos se tornan más inquietantes. Tras el fin del comunismo —el único lugar donde, por cierto, la alta cultura se mantuvo intacta—, las democracias liberales no han respondido a las expectativas de los ciudadanos. La causa es, de nuevo, la frivolidad. En la arcadia que dibuja, los políticos estaban comprometidos con un ideal de servicio que la civilización del espectáculo destruyó. Vargas Llosa no contempla que la actual crisis del capitalismo no se debe tanto a la falta de valores como a la ideología ultraliberal, inspirada en Hayek o Friedman, que hizo ver al estado como responsable de todos los males y provocó la desregulación que precipitó la catástrofe.

Aún más lacerante suena la vena aristocrática de Vargas Llosa al hablar de religión. Él, que se declara no creyente y ha combatido sin tregua la intolerancia, recomienda para la gente común, es decir, para aquellos que no tienen la grandeza moral para ser ateos, un poco de religión, incluso en las escuelas. Aunque falsa, ésta al menos les concederá un atisbo de vida espiritual. Como cuando se refiere a la necesidad de devolverle ciertos límites a un sexo que juzga anodino, el discípulo de Popper no parece tolerar esa sociedad radicalmente abierta, en términos culturales, que tanto defendió en política.

En La civilización del espectáculo, Vargas Llosa acierta al diagnosticar el final de una era: la de los intelectuales como él. Poco a poco se difuminan nuestras ideas de autoría y propiedad intelectual; ya no existen las fronteras entre la alta cultura y la cultura popular; y, sí, se desdibuja el mundo del libro en papel. Pero, en vez de ver en esta mutación un triunfo de la barbarie, podría entenderse como la oportunidad de definir nuevas relaciones de poder cultural. La solución frente al imperio de la banalidad, que tan minuciosamente describe, no pasa por un regreso al modelo previo de autoridad, sino por el reconocimiento de una libertad que, por vertiginosa, inasible y móvil que nos parezca, se deriva de aquella por la que Vargas Llosa siempre luchó.

Made in the USA
Charleston, SC
11 January 2015